JN221078

神崎 恵の

Private Beauty Book

神崎 恵
Megumi Kanzaki

****

LUMINOR MARINA
PANERAI

THE JOY OF PORTRAITS 1 KEIZO KITAJIMA
THE JOY OF PORTRAITS 2 KEIZO KITAJIMA
BIRDS OF BRITAIN by John d Green
BOB RICHARDSON
RicHard AvEdoN
HERB RITTS PICTURES
Hair by Guido
BOWIE TREASURES
ハワイ 森山大道
Her Style by Odile Gilbert

BAIES

Introduction
はじめに

10代の頃、「30歳なんてもうおばさん」と思っていた。

20代になって、30代になるのが怖かった。

30代になって、「いつまで女でいられるんだろう」と不安になった。

40歳を迎えて思うのは「女は年の重ね方しだいでいくらだって女でいられる」ということ。

確かに肌もカラダも細胞も、鮮度が落ちていくのは自然なこと。

放っておけばおくほどに、顔もカラダも心もたるみを増し、くすんでいく。


でも女の美しさはここから。

髪も肌もカラダもお手入れ次第でいくらだってキレイを保持することは可能。

丁寧に自分と向き合ったケアは、美しさ＝若さではないことを実感させてくれる。

「女の濃度」に深く関わる声や表情、生きる姿勢は、年を重ねるからこそ深みとまろやかさを増すことができる。

今まで重ねてきた経験が生んでくれる知恵や余裕や強さが、うわべのキレイさでは到底太刀打ちできない、心に響く美しい女を育ててくれる。

40歳からまだまだこの先30年は続く、女としての自分。

投げ出すか、楽しむかはすべて自分次第——。

この本では、40年生きてきた中で見つけてきた、女としての自分を可愛くしてあげる方法や楽しませるコツ、毎日をｈａｐｐｙにする秘訣をきれいごとなしにお話ししています。

この先何年も、全方位から自分を美しくし続けるための美容の本になりました。


ただ「いいもの」を重ねるのがスキンケアではありません。

シミやシワを隠すことが正解のメイクでもありません。

食事や運動だけでは心に触れるカラダは手に入りません。

それよりもずっと、うっとりするほど女を美しくしてくれる大切な要素はたくさんあります。


年をとるのが怖い。

年をとってしまった自分の扱い方に迷っている。

この先一生、女の自分を楽しみたい。

自分をもっとｈａｐｐｙにしたい。

そんなすべての女性に心をこめて。

神崎恵の
Private Beauty Book
Contents

SECRET

2

内緒の美容

SECRET

3

大人可愛いの組み立て方

神崎恵の
Private Beauty Book
Contents

SECRET

4

……

支えてくれるいろんなこと

SECRET 1

綺麗の育て方

Ideal

生っぽい女でいたい

40代からの女性の魅力

完璧な美人より、未完成な危うさと足りなさの残る女でいたいと思う。

1ミリのシミもシワも見当たらない完璧さより、笑って生きてきたシワや、夏を満喫してきたソバカスがちらばったくらいの肌が好きだし、スジばったストイックすぎるカラダより、まろみとやわらかさをおびたカラダが理想。

生き方も失敗なしのキレイな道より、がたぼこの生き方が、女の温かみとコクを育ててくれると思うから。

だから完璧は目指さない。

それに、実は目指さないほうが力が抜けて、いい女っぽさが出たりする。

スキンケアも疲れたときはオイルひとつで終了。「しなきゃいけない」と思いながらのストレスまみれのケアより、ちょっとくらいさぼって気持ちをゆるめるほうが、次の日のお肌がずっとキレイになるのは実証ずみ。

大好きなお酒も甘い物も、ときには我慢しないで思いっきり楽しんだほうがいい笑顔が出るし、長年つきあっているコンプレックスだって愛嬌をくれる大切な存在。失敗も後悔も怖がらない。女としての厚みを育ててくれるものだと思うくらいの勢いをもって進みたい。

完璧な女より、リアルな温もりとちょっとした痛みを持った女がわたしの理想。

髪を夜に洗うときにはドライヤーで乾かした後にストレートアイロンで伸ばしておくと朝の髪がいい具合に落ちつく。クセを生かすときには根元と頭皮だけをタオルドライしてドライヤーで乾かし、毛先は自然乾燥すると外国人風のウエーブがでる。

カットするときには、光の透け具合や風になびく感じ、かきあげたときの空気の含まれ方、寝たときの髪の広がり方、首をかしげたときの揺れ方、泳いだときの水の中での動き方など、静止しているときのキレイさよりもシーンや瞬間、動いているときのリズムのあるキレイを重視。特に顔まわりの短い髪は動きが出やすくなるポイントなので、必ずオーダーしています。

Charm
自分だけの魅力の探し方
褒め言葉をストックして自信を深める

わたしの魅力ってなんだろう？　自信を持てるところなんてあるわけない。そんな気持ちを持ちながら、誰かをうらやましく思ったり、グレーな気持ちに浸食されそうになったり。

だけど今まで誰かに褒められたポイントは、まちがいなく自分の「魅力」。そこをゴシゴシ磨いて際立たせていくこと。モデルや女優がすくすくとキレイを伸ばしていくのは、「可愛い」「キレイ」を言ってくれる人がいつもそばにいるから。自信はキレイの重要要素。褒め言葉はどんなものでもすべてストック。

そして、自分の好きなところにもっと執着すること。唇でも髪でも爪でもなんでもいい。誰かに言うのは恥ずかしいけど、実は自分のココはちょっと好き、という部分をよりキレイに可愛く魅せる工夫をする。

わたしならデコルテ。嫌いな部分が多い自分の中でも「ちょっと好き」なパーツ。だからここを念入りにケアして、キレイに見える角度や服、アクセを研究する。そうすることで、そこが自分の「押しポイント」に変わってくれる。

ほかには憧れの誰かや、SNSで心にキュンときた写真や人の真似をするのもいい。「真似」って実は「魅力的な自分」をつくり出す手っ取り早い方法。誰かの真似をしたってその人のクローンにはなれない。それどころか好きなものと今の自分が混じり合って、オリジナルに変化する。真似は「自分の個性」をつくる合理的な手段。

自分が思っている
自分と人が抱く印
象は違うもの。

外の声を聞くこと
も自分の魅力を強
化する方法のひと
つ。

Skin Care

朝のスキンケア

肌チェックから始まり日焼け止めで終了

朝のスキンケアは、前夜のスキンケアの答え合わせから始める。

まず朝起きたら、顔を洗う前に自然光が入る窓辺で顔を観察。見て、触れて、肌のコンディションをゾーンごとにチェック。

ベタついている部分は夜のスキンケアが重すぎた部分。逆にカサついている部分は足りなかった部分。重すぎた部分は洗顔料を使って洗顔し、乾燥ぎみの部分は洗顔料を少なく短時間ですませるか、もしくはぬるま湯だけで終わらせる。

後に続くケアやコスメも同様に、ゾーンごとに組み立てていく。たとえば、カサついている部分にはオイルを足したり、コクのあるクリームを使う。逆にオイリーな部分は美容液だけで終わらせたり、クリームではなく乳液やジェルを使ったり。一枚の面である顔でも、ゾーンごとにコンディションは違うもの。何も考えず均等にベッタリ塗るのではなく、必要に応じてアイテムや量を塗り分けることが、毎日いつでも、そしていくつになってもキレイな肌でいるコツ。肌はちょっとの観察力と賢さで、自分でもびっくりするほど理想に近づいてくれるものだと思う。

他にも、毛穴の開き具合、くすみ具合などを見て、そのゾーンが欲するアイテムを程よく与えてあげること。朝は蛍光灯の洗面台ではなく、窓辺で自分の肌と向き合うことから始める。これがなにより確実に肌を美しくする秘訣。

1
P・C・セラム

翌朝の肌のなめらかさにうっとり。必ず肌が変わるスキンケアの意味がわかる一本。30㎖ 15300円／ヘレナ ルビンスタイン

2
マイクロ エッセンス ローション

潤いたっぷりでじゅわんと湿度のある肌になれる。重ねるごとに肌が白く澄んで、見せびらかしたくなる仕上がりに。150㎖ 11500円／エスティ ローダー

3
AQ MW クリーム エクセレント

いつまでも触っていたいほどのもっちり濃密肌に。バストまでのばして見惚れてしまうほどのデコルテを育てています。50g 30000円／コスメデコルテ

4
コンセントレート エマルジョン

気持ちにも効く最強に心地いいミルク。香りもやさしいテクスチャーもこれから始まる一日への期待感を盛り上げてくれる。100㎖ 8500円／スリー

5
B・A ザ プロテクターS

日焼け止めなのにファンデを塗るのがもったいないくらいもちもち弾力肌に。ベースはこれだけでも♡ 45g 11000円／ポーラ

6
ヨンカ セラム

何年も使い続けているオイル。スキンケアはもちろん、メイクの下地として使うとじゅわんとした肌に仕上がる。15㎖ 7600円／ヨンカ

7
ピュア リチュアル ケア イン フォーミング クレンザー

洗いあがりはマスク後のような透明感。マシュマロ級の泡が毛穴の汚れもやさしくしっかり流してくれる。125㎖ 6000円／ヘレナ ルビンスタイン

“Point make-up”

眉は底辺が需要。ここがキレイだと顔全体が美しく見える。

シャドウはブラシだとシアーに、指だとしとっと色っぽく仕上がる。

ラインの長さや太さで女の種類が変わる。普段は目の際に細くで深みを足す。

真ん中を重ねて縦幅増量だと可愛く、目尻をのばして横を広げると色っぽく。

チークはクリーム派。指でなるとの渦のようにだんだんと広げていく。

“Base make-up”

化粧水はコットンで顔全体を湿らせたら手で何度も重ね付け。

下地をのせたらファンデを少量手でのばしスポンジでとんとんとなじませる。

コンシーラーはゾーンごとに塗り分けて指の腹でとんとんと密着させる。

パウダーは鼻の横柱、眉間、眉、小鼻に少し。崩れ防止に涙袋にも少々。

パウダーの後はハンドプレス。こうすると粉っぽさがなくなり艶が出る。

リップは女の象徴。ふっくら官能的に仕上げる。

Make-Up
いつものメイク
ベースメイクからポイントメイクまで約10分

普段のメイクは10分以内で終了。それくらいの軽さが女をちょうど可愛く見せる。肌は塗り重ねるほど老けていくし、目元もつくり込むほど怖くなる。だから、「メイクは年齢と反比例させる」というのが、今の年齢になるまであらゆるメイクを試してきたわたしの実感。でも間違えたくないのは、軽さと手抜きの違い。手を抜いてサボるのではなく、計算して賢く薄く軽くしていくこと。

ポイントは「肌」「毛」「血色感」の三つ。肌は潤い下地でうるうるに。下地は、ちゅるんとしたいなら透明、まろやかな肌なら潤いピンク、発光するような透明感ならブルーを使う。ファンデーションは艶の出るリキッドタイプを極少パール½粒ほど手でのばした後、肉厚スポンジで密着させる。隠したいアラだけ優秀コンシーラーで隠す。シミもくまも、100%隠さず80%くらいで終わらせる。鮮度を引き上げる血色感は、仕込みのクリームチークで。にこっと笑って一番高くなる部分にとんとんと「なると塗り」して広げていく。

いちばん重要なのが毛。顔の濃度は顔の中の「横線」で左右される。つまり、眉、目、唇。その中でも重要なのが眉とまつげ。ここがキレイなら顔は無条件に美しく見える。だから眉は丁寧に描き、まつげもしなやかに長く仕上げる。これが絶対に可愛くなれる脱力メイク。

顔全体が見えるサイズの鏡は絶対必要。愛用はジルスチュアート。

Regular Cosmetics

レギュラーコスメ

脱力メイクのもと

メイクは、いい具合の脱力加減がわたしの鉄則。ベースは艶リキッドファンデーションを極薄塗り。じゅわんと色づくクリームチークと素まぶたアイシャドウがあれば、鮮度上昇オトナ可愛い脱力メイクの完成。

1 ファンデーションプライマー ラディアンス

湿度ある肌に仕上げてくれる下地。たっぷりのせて、気になる部分だけコンシーラーをのばせばファンデなしで艶薄肌の完成。50㎖ 4000円／ローラ メルシエ

2 ジェルマスク ファンデーション

肌がしぼんでいるときや疲れているときに愛用。ぷるんとした仕上がりも、のせている間ずっと続くトリートメント効果も好き。30㎖ 6000円／アルビオン

3 ディオールスキン スター フルイド

品格をたたえた女になれるファンデーション。丁寧に生きている女にしか手に入らない色気がまとえる。6000円／ディオール

4 タンミラク リキッド

生まれつき美しい人に見せてくれる。みずみずしくうるんとした艶感が完璧。30㎖ 6000円／ランコム

1
AQ フェイスパウダー ミリオリティ

幸せ感あふれる肌になるパウダー。ブラシでほわりとまとうだけで可憐な女に。30g 20000円／コスメデコルテ

2
グロウ ルース パウダー

くすみを払いのけ、瞬間的にまろやかな色気をくれるピーチベージュのパウダー。パウダーなのにみずみずしい艶肌に仕上がるのも魅力。15g 6000円／スック

3
ル ブラッシュ クレーム ドゥ シャネル（シャマード）

大人の可愛さを最大限に引き出してくれる血色チーク。とんとんと指でなじませるだけで自惚れるほど可愛い自分に。4700円／シャネル

4
ル ブラッシュ クレーム ドゥ シャネル（アントナシオン）

いくつもリピートしている大好きな色。これをつけた日は必ず褒められる。happyを呼ぶチーク♡ 4700円／シャネル

5
キッカ フラッシュ ブラッシュ 07

ほわんと甘い顔に仕上げたいときにはコレ。女のコを無条件に可愛くするとっておきのチーク。3000円（ケース別売）／カネボウ化粧品

6
テンダー クリアアイズ 02

わたしの定番「素まぶたシャドウ」。塗っていても素肌が透けて見える軽やかさと抜けのあるシャドウは眼差しを可憐に色っぽく見せてくれる。5000円／ルナソル（カネボウ化粧品）

7
シャドウライニング パフォーマンス アイライナー 02

深みのある眼差しをつくってくれるアイライナー。赤みを混ぜたディープブラウンは温度を感じる色気のある目元に。2800円／スリー

Lipsticks
何色の唇で大好きって言う?
言葉の温度を変える色

3

2

1

6

5

4

3.ベルベットラスト リップスティック(スカーレットノワール)だれでもいい女になる1本。肌も白く見える♡ 3,500円／スリー

6.アディクション リップスティックピュア(トウキョウストーリー) 赤は輪郭をぼかして塗ると色っぽ可愛い唇に。2,800円／アディクション

2.リップ スティック V 601(ヴィヴィットオレンジ) 肌の鮮度を上げ、ヘルシーな色気をだしてくれる色。2,800円／アナ スイ コスメティックス

5.アディクション リップスティックピュア(ルメプリ)「今」っぽい顔になれる赤。2,800円／アディクション

1.リップ スティック V 600(アラゴンオレンジ) オレンジは中指でスタンプ塗りしてじゅわんと。2,800円／アナ スイ コスメティックス

4.ベルベットラスト リップスティック(ローズベリームーン) 毒を秘めたいい女になりたいときに塗ってます。3,500円／スリー

9

8

7

12

11

10

9.ルージュ アリュール グロス クリック（ピラート） ギャップを魅せつけたいときにはコレ。4,000円／シャネル

8.ルージュ・ジバンシイ（108） まろやかな透明肌になれるベージュ。大切にしたい女になれる。4,600円／パルファム ジバンシイ

7.キッカ メスメリック リップスティック15（ピーチプディング） お肌がほわんとやわらかく見えるピーチピンク。3,800円／カネボウ化粧品

12.アディクション リップグロスピュア（コットンキャンディ） いたずらな透明感がほしいときにはこの色。2,500円／アディクション

11.ディオール アディクト リップ マキシマイザー じわじわと確実に色気を放出する秘薬的存在。3,500円／ディオール

10.ルージュ アリュール グロス クリック（サンシーブル） 最上級のモテリップになれるグロス。4,000円／シャネル

Favorite Cosmetics

大好きなコスメたち

女の子の毎日を支えてくれるもの

オフの日は、Fオーガニックで癒しケア。

ヘレナ、ランコム、アルビオン、ハクの美白集中ケアセット。

日焼けしそうな旅行には、クリニーク、ディオール、クラランスをボトルで。

日中もSK-IIのスキンケアをすると肌がびっくりするほどキレイに。

自分に飽きてきたらファンデーションで肌を着替える。これはスリー。

ルナソルのこっくりカラーで新しい自分に出会えるメイク。

シャネルの鮮やかなブルーで顔に魔法をかける日。

C&Tブレンダーはわたしの永遠の理想の艶肌を叶えてくれる。

アンティームのバストケアは女の必須アイテム。

エレガンスとランコムとイプサで艶肌と血色感とまつげを。

エンビロンとクラランスとBAは肌をもっちもちにしてくれる。

クリームチークにしか出せない、ぽわんな色づきが好き。シャネルは絶品。

唇も肌と思ってケア。ハッチのリップとスリーのオイルサプリ。

シスレーとクラランスとヴェレダのボディ用。体重より見た目を重視して。

RMSビューティーのクリームアイテムたち。

Nail

爪はネイルポリッシュ派。仕事柄様々な色を試すため。手は顔の近くにあることが多いから、ネイルの色を選ぶときには手がキレイに見えることと、頬に手を置いて顔の血色がよく見えることが絶対条件。

Breakfast
朝ごはんいろいろ

ヨーグルト、グラノーラにフルーツを重ねて。

ほかほかのパンケーキは息子の大好物。

パパイヤにヨーグルト。ベリーと一緒に。

ラズベリーは毎日食べるもののひとつ。脂肪燃焼と抗酸化作用が高い♡

玄米トーストにチーズ、卵、アスパラ、豆腐マヨネーズ。

なんでもない食パンもバナナとチョコとミントで可愛く。

日によって入っているものが違うオムレツ。これはチーズとほうれん草とトマト。

朝ごはんは「ちょっぴりの特別感」がポイント。ちらすだけ、添えるだけで見た目も気分も上がる脇役を常備しておくのがポイント。

おすすめはミントやベリー、シュガーパウダー、ナッツ、はちみつ、チーズなど。

お皿やグラスはそれだけでフォトジェニックなものをそろえておけばhappyな朝の完成。

焼きリンゴとシナモンの香りの朝。

アボカドやナッツ、スーパーフードも朝食に取り入れる。

35年続けている朝スムージー。バナナ、ブルーベリー、イチゴ。

ぷちぷちチアシードはスムージーやヨーグルトと。

野菜スティックは自家製の豆腐マヨネーズで。

フレンチトーストは卵液につける前に軽くトーストするとふわふわに。

大大大好きイチジクは女性ホルモンのような働きをする賢いフルーツ♡

グラスに入れても可愛くなる。

ルッコラとアメーラをのせて。ソースはオリーブオイルとバルサミコ酢。

Daily Work

毎朝の日課

スムージーと
ハーブティーからはじまる一日

朝は一日のはじまり。その一日をどんな気持ちで、どんな女で、どんな可能性を感じながら過ごすか。それは、生き方にまで影響を与える。

心地のいい空間はその日一日を心地いいものにしてくれるし、気持ちの上がる瞬間は「いいことあるかも」のｈａｐｐｙな予感を生んでくれる。目にもカラダにも美味しい朝食は、一日の美しさを底上げしてくれる。

朝は自分がどんな自分として生きるかを決める重要な時間。ついバタバタとやらなければいけないことに追われてしまうからこそ、少しの時間と余裕を自分で調整してつくりだす。朝起きたらまずは自然光の下、鏡で肌チェック。顔を洗いスキンケアをしたら、ＵＶカットの美容液か乳液を塗って、クリームチークとリップクリームだけオン。ヘアは顔まわりに軽くアイロンしてキッチンへ。キレイなヘアと血色感で気分が上昇する。

無理をする必要はナシ、特別すぎることをする必要もナシ。大切にしたいのは、自分が心地よくなることと、なんとなくその瞬間瞬間に映画や雑誌のワンシーンみたいにちょっぴりステキな風味が漂うこと。

「なんだかこの朝いいかも」そんな気持ちになれば、なんでもなく思えていた自分が少し特別に思えるようになる。自分の時間は自分で彩る。これがキラキラする秘訣。

Green Smoothie

バナナ
小松菜
リンゴ
ケール

Red Smoothie

バナナ
ラズベリー
イチゴ
トマト

オフの日はメイクを薄くして顔の上を軽やかにすると気持ちまで軽くなる。そんな日はオーガニックコスメでスキンケアとメイクをすると、心も表情もよりほぐれる。

Smart-Up Style
くるっとまとめ髪
ねじるとだせる脱力感

簡単そうで実はコツが必要なオトナのまとめ髪。きゅっとひっつめてしまっては女のまろやかさ激減。かといって、ただゆるくしても「疲れている人」に見えるだけ。重要なのは程よいゆるさと動く隙。

まずはヘアアイロンで全体をゆるく巻いて空気感を仕込んでおくこと。これが「疲れている人」に見せない重要ポイント。

巻きがすぐにとれてしまう人やストレートが強い人は、巻きたい部分にカールスプレーをつけてから巻くのがおすすめ。

ねじりながらまとめたら、鏡を見ながら顔まわりの髪のバランスを調整。指でつまんでふんわりさせたり、後れ毛を出してみたり、自分の顔のカタチがいちばんキレイに見えるよう整えていく。やわらかな女の余裕を感じさせるゆるさは、「ねじり」でだすのです。

自分がよりキレイに見えるほうには後れ毛を少なめにして、
せっかくの顔を隠しすぎないように。

ねじりながらまとめて毛先を隠せばOK。
ねじるとフォルムがふんわりする。

吹き出物があったり肌荒れをしているときは
髪がその部分に当たらないよう調整すること。

Curly Hair
脱力巻き
32ミリアイロンでゆるく巻く
リラックススタイル

実はくせ毛で艶が出にくいドライな髪質のわたし。だからこそ、触れたいと思わせるちゅるんとした質感と、光に溶けるような艶が欲しかった。何十年も試行錯誤してたどりついたうるちゅる髪は二回のアイロンでつくる。

まずはストレートアイロンで艶を仕込む。髪は熱とテンションを加えることで途端に艶めくから、この下準備が重要。熱は180〜200度の高めで手早く行うと、自惚れるほどの艶が生まれる。

次に32ミリのアイロンで毛束を一束ずつゆるくねじって巻いていく。ゆるんとしたカールは、髪のコンディションが悪くてもキレイに見せてくれる魔法のフォルム。

最後に手ぐしで巻きをほぐして空気感注入。あえてくずした脱力具合でカッコいい、可愛い、色っぽい、すべてを手に入れるヘアの完成。

低温で
長時間のアイロンは、
髪がガサつく
原因になるので
絶対禁止!

1

根本をねじってから巻く。とれやすいときはスプレーをしてから。アヴェダのブリリアントホールドスプレーがオススメ。

2

わたしの溺愛アイロンはクレイツのモイスチャーライナーと32ミリ、38ミリのカールアイロン。

3

仕上げにヘアフレグランスやヘアオイルで香りを仕込む。動いたときにふと香ると「どきっ」を誘う。

Make-up Pouch

ポーチの中身

メイクを直す姿も美しく

Pouch
ポーチ
ひとつひとつ集めているSANTIのクラッチをポーチに。

Liquid
リキッド
C&TブレンダーのFresh mixは艶が絶品。スタンプのように塗れるからお直しにも最適。

Eyebrow
アイブロウ
スージーニューヨーク。1本ずつ細く描くことができる溺愛ペンシル。

Gloss
グロス
ディオールのアディクトリップマキシマイザーの色気がたまらなく好き。

Cheek
チーク
シャネルのチークはいつでも可愛くなれる魔法。

Candy
キャンディー
papabubbleのキャンディーは撮影のお供。

Balm
バーム
シスレーのバームコンフォールは必ず持ち歩く唇のお守り的存在。

Lipstick
リップ
トムフォードのリップカラー。塗る姿まで完璧に可愛くしてくれる。

Repairing
メイク直しの時間
24時間鮮度を保つ

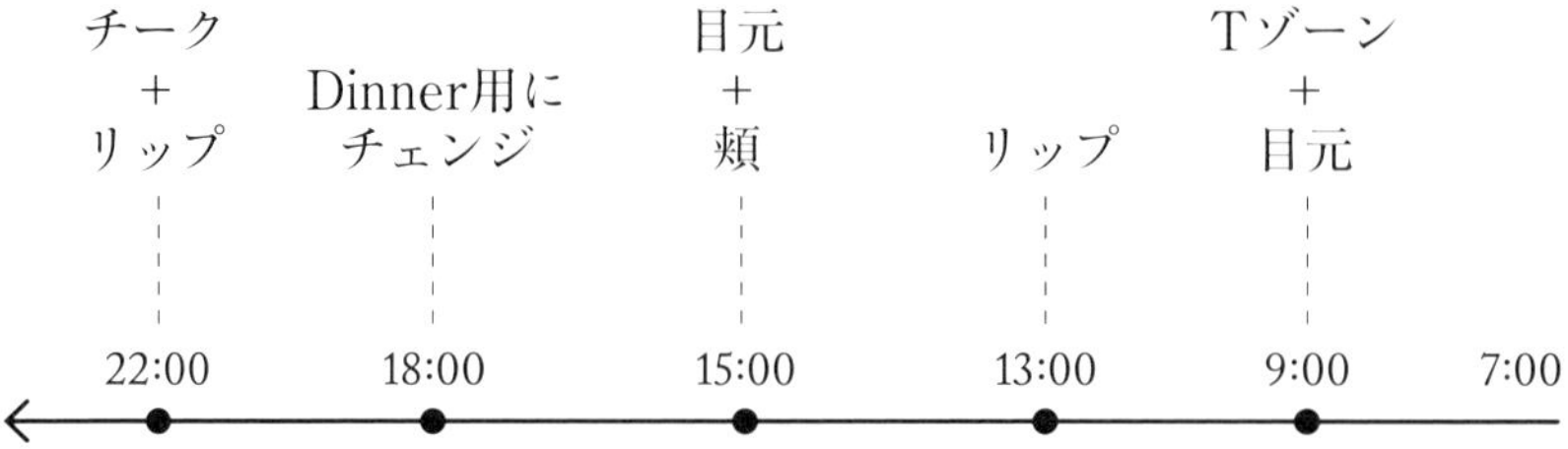

出かけたら、会社につく前に鏡で全体をチェック。夏や汗ばむ日はTゾーン。湿気の多い日や逆に乾燥している日は目元のよれをチェック。

ランチ後はリップ。乳液でふき取り、コンシーラーで口元を整えて、バームにリップを重ねて。

午後は肌落ちするから、15時になったら目元と頬のお直し。頬は肌の印象を左右するから乳液でベースをふき取ってからなじませて、美容液、日焼け止め、下地、ファンデーションまで。肌がくすんでいたら、ピンクかブルーの下地にしたり、ファンデの色を明るくチェンジ。目元もくすんでくる時間だからシャドウとラインだけ綿棒でふきとる。朝の色ではなく透明感のある艶ベージュ系のシャドウに変更してくすみを払拭することも。

帰る前には、予定仕様に顔を変えるお直し。アイラインを太くしたり、リップの色や質感を変える。

帰宅前、玄関を開ける前にもチェック。疲れた顔で子どもや彼を心配させないように、元気な顔で帰るのが自分のルール。

お直しは1日4～5回必ずする。

ベージュかベージュブラウンのアイパレットはポーチに常備。

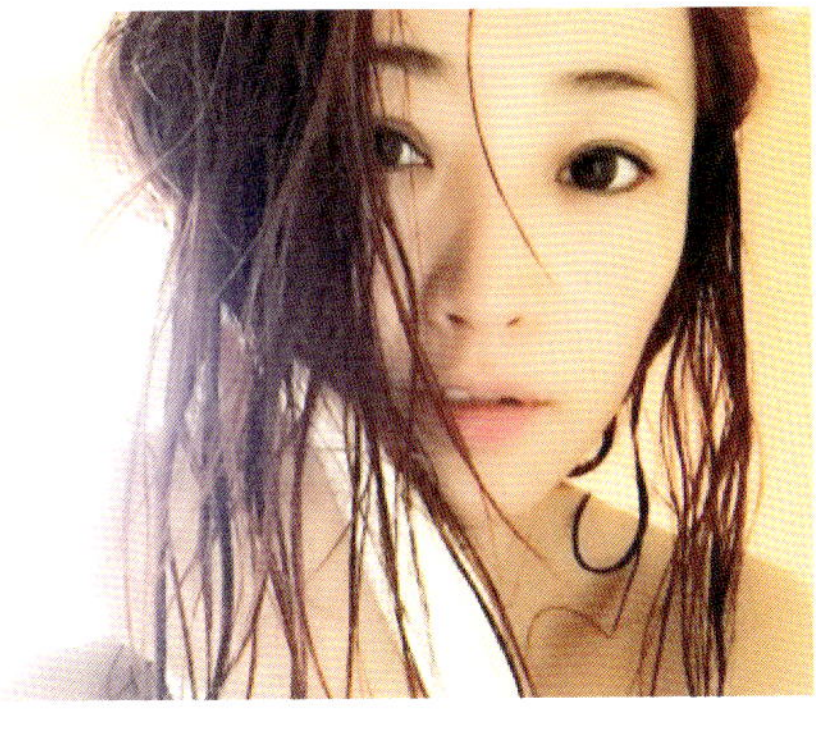

ザ・タイムR
デイエッセンススティック

ファンデーションの上から塗れば、いつでも朝のもっちり透明肌に戻れるスティック。9.5g　2900円／イプサ

Swab
綿棒を使いこなす

綿棒でキレイになれる

マスカラやアイライン、アイシャドウをごしごしこする摩擦はシミ、シワ、色素沈着やたるみの原因に。

使いこなすことができると各段にキレイさが増すアイテムが綿棒。メイクシーンでは、ガタついたアイラインを上からすーっとなぞると、不格好だったラインが端正なラインに変わる。ボツンと終わってしまった目尻のラインも綿棒の先を使ってなぞって抜くだけでプロ級の繊細ラインに変わる。

カラーアイシャドウをアイラインとして引くときも、綿棒の先を親指と人差し指で挟んでつぶし、チップのようにして描くと、今どきの目元の完成。直すシーンでは、乳液をつけた綿棒で小鼻や目元のよれをやさしく拭き取ることで、朝メイクしたての美しさに巻き戻せる。目の下についたアイラインやシャドウ、マスカラのにじみも、ぬぐうだけで美しくオフすることができる。

細かい部分を繊細に丁寧に仕上げるだけで、顔の美しさの精度が跳ね上がる。

Emulsion
乳液を使いこなす

褒められたいなら乳液

ファンデーションとミックスして脚になじませれば、
丁寧にお手入れしている色っぽい脚ができあがる。

わたしが肌を褒めてもらえるようになったきっかけのひとつが乳液づかい。ちょっぴり控えめな存在感だけど、「使った日からキレイになれる」アイテム。

スキンケアの一番先になじませるもの。一番最後にのせるもの。クリームの前にのせるものなど、乳液にはタイプがあるので、「なりたい肌」に合わせて選ぶ。

使い方も色々で、そのままはもちろん、オイルとミックスしてコクを上げ、もちもちっとした肌に仕上げることも。日中のお直しではやさしく力強く肌力を持ち上げてくれる。

お直しの際は、くすみには美白乳液、シワや肌のしぼみにはエイジング乳液を使うとより効果的。首やデコルテにはオイルをミックスして艶っぽく見せたり、下地をミックスして色むらやくすみをとばして発光するような艶と美しい骨格を際立たせるのもおすすめ。

Relaxed Style
計算ずくのくつろぎヘア
ゴム一つでできる「ゆるまとめ髪」

女にはある程度のゆるみが必要。年を重ねるごとに余裕や抜けといった力のゆるみ加減が見えたほうが、温度や色気がにじむ重要な隙になってくれる。

内面の余裕やメイクや服、色々な部分でそれぞれの脱力方法があるけれど、なかでも「できると違う」のが髪。髪は「存在感」そのものを決める重要なパーツ。だからこそ、ここの力の抜き具合さえ覚えれば、かなり自由自在にゆるさを楽しむことができる。

ヘアアイロンで巻きを仕込み、ゆるさとやわらかさが出やすいようにしておくことは必須。巻いておくことで、頭や顔のカタチを360度美しく見せることができる。ゆるさはあるけれど崩れにくい、という利点も。

ゆるさ=手抜きではなく、脱力感と品を両立させる丁寧な仕込みが疲れて見えない秘訣。

ひとつにゆるく結んで、結び目より上の髪を二つに分け、
毛先をその間に上から下に通す。

全方位ゆるくしてどこを見てもやわらかく見せるのがポイント。

Dinner Style

ギャップまとめ髪

タイトさとゆるさのバランス

髪の上側はふんわり、襟足をタイトめにまとめることで、リズムが出る。トップもぴっちりまとめると老けて見えるから、あくまでふんわりとボリュームを残して。

いさぎよいまとめ髪は、芯の強さを秘めた「今どき」のいい女になれる。

ブラックドレスや着物、いつもとちょっぴり違う自分を楽しみたいときには、タイトに仕上げたほのかにモードないい女まとめ髪へ変身。

違う自分に着替えることができるまとめ髪をいくつか持っていると、自分の中に鮮度のいい気持ちを吹き込むことができるし、大切な人にも「違う味」の自分を見せつけることができる。それに純粋に自分にわくわくできる。

凝ったもりもりアレンジは不要。簡単にさくっとできるくらいのほうが洗練さが際立つから。

始めるならまずはゆるさを含ませたまとめ髪。顔まわりにちょっぴり目にかかるウザバングを残せば、謎めきを残した色気が出せる。そのかわりサイドやバックは後れ毛なし。表面もキレイに整えて清潔感と品重視。

Skin Care

夜のスキンケア
自分を大切にする時間

1
モアリップN
どんなに荒れた唇もコレがあれば安心。ストレスで唇がカサつくので車とポーチ、ベッドサイドに常備。第3類医薬品 1200円／資生堂薬品

2
ブラックローズ プレシャスオイル
触らせたくなる肌になる魔法級オイル。優美な香りもうっとりするようなテクスチャーもすべて好き。25㎖ 22000円／シスレー

3
ワン エッセンシャル
肌のデトックス美容液。肌からにごりが放出されて澄んでいくのを実感。肌だけではなく気持ちまで透明にしてくれる。50㎖ 14500円／ディオール

4
エクサージュ モイスト クリスタルミルクⅢ
肌を白くやわらかくしてくれるミルク。朝晩のケアはもちろん、日中美容でも使用。車にも1本置いてある。200g 5000円／アルビオン

5
フェイシャル トリートメント エッセンス
リビング、寝室、ドレッサー、バスルームに1本ずつ置いてある化粧水。気がついたときに顔だけではなく全身にぱしゃぱしゃ。160㎖ 17000円／エスケーツー

夜のスキンケアには、低下した肌力を確実に引き上げてくれる実力と、脳から心、感覚すべてを包み込んで癒してくれる、コクとやさしさが必要。必ず鏡を見て「ケアをしている自分」を自覚させること。

何がどう肌に効くのか説明書を読んで、ひとつひとつ手の平でなじませ、深呼吸しながらおしこむように浸透させて、それから次のアイテムを重ねる。

大切な人を思うように、自分を大切にする時間が次の日のキレイな自分をつくってくれる。

6
ステムパワー アイ クリーム
肌が変わるのを実感できるクリーム。日中もカサつく前に塗り足し、夜はたっぷりのせてラップして寝れば翌朝ふっくら。15g 10400円／エスケーツー

7
シュープリーム トータル クリーム
もっちりぱーんと肌が生き返るクリーム。まろやかなテクスチャーが心ごとときほぐしてくれる。落ち込んだ日は迷わずこれ。49g 11000円／エスティ ローダー

8
アプソリュ ピュア クリーム クレンジング
クレンジングなのに洗い上がりはスパ帰り級。正しいクレンジングと洗顔が美しい肌の基本というのを再実感する逸品。200mℓ 9500円／ランコム

9
AQ MW フェイシャルバー
洗顔はフェイシャルバー派。肌がまろやかになりすーっと明るくなる。病みつきになるフォトジェニックな肌に。100g 4800円／コスメデコルテ

Special Care

撮影前日のケア

角質を落として効果倍増

1
自分に自信を
持たせてくれる
スクラブ

1
［スクラブ］
ピュア リチュアル
ブラック ピール スクラブ

うるちゅる肌になれるスクラブ。毛穴も目立たなくなり透明感も一気に上昇。普段のスキンケアの前に投入すれば効果が跳ね上がる。100㎖ 9000円／ヘレナ ルビンスタイン

2
恋に落とす肌になる

2
［洗顔料］
RMKパウダーソープ（C）

魔法のピンクのパウダー。きめが細かく整い、触れた瞬間から恋に落ちるような肌になれる。35g 2800円／アールエムケー ディヴィジョン

3
肌が生まれ変わる
塗るだけマスク

3
［マスク］
P・C・
ラディアント イン マスク

寝る前にたっぷりのせるだけで丁寧にトリートメントをしたような完璧な肌に。疲れた日はこれだけでケアすることも。75㎖ 12000円／ヘレナ ルビンスタイン

4

［マスク］

モイスチャー リッチ マスク

むっちむちの肌になれる乾燥肌の救世主。真冬でも乾燥知らず。撮影のメイク前に仕込むだけでじゅわんの湿度肌になる。70g　6500円／スック

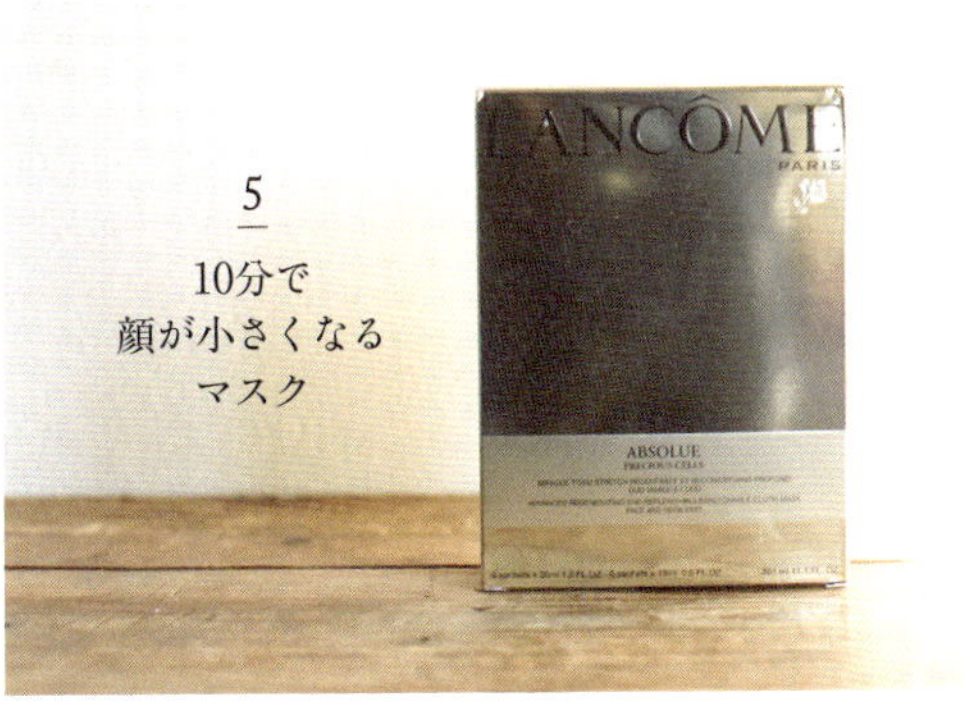

5

［シートマスク］

アプソリュ プレシャスセル マスク

10分で5年巻きもどるマスク。ぷるんとしたハリときゅっと小さく持ち上がった顔、シワのないなめらかな首まで手に入る。各6枚入り　17000円／ランコム

6

［シートマスク］

フェイシャル トリートメント マスク

撮影のメイク前に必ず愛用。オイルマッサージ後にも使えて、どんなに疲れている肌も発光するような透明肌になる。6枚入り　10000円／エスケーツー

My Job
美容家という仕事
自分を幸せにするひとつの手段

わたしにとっての美容は、ただキレイになりたいとか、誰かに褒められたいとか、若くいたいとか、そういうことではなく、自分をひとつひとつ好きになる、毎日がなんだかちょっと楽しくなる、落ち込んだときや折れそうなときに起き上がりやすくなる、自分が今より幸せになれるひとつの方法。

それを言葉やテクニックや写真、色々な角度から色々な手段で伝えていくのがわたしの仕事だと思っている。

基本のベースである書籍づくりは、わたしがなにより時間をかけていること。ひと文字ひと文字言葉を紡いでいくというプロセスも、それを読んでもらうという緊張感も、すべてがかけがえのないもの。

そして、各地で行っている講座は、生の声を聞くことができる重要な時間。美容界にいると慣れて麻痺してしまいがちだけど、みんなのリアルな声を教えてもらうことができる、なくてはならないもの。

新作発表会ではどんな思い、どんな過程でそのコスメが生まれてきたのかを知り、専門的な話を聞くことができる。これも知識を深めるために必要不可欠で特別な時間。

その他にもパーティーやイベントへの出席や雑誌の撮影、取材、美容アイテムの開発なども、「女性をもっと美しく、もっと幸せに」という思いを込めながらひとつひとつ向き合う仕事。

for shooting

見られることの重要さを体感。誰にも会わない、見られない日が三日続くと顔もカラダもたるんでぼけてくるのを痛感。

for party

イベントや発表会、パーティーではいつもキレイへの刺激を受けまくる。それが常に新しい世界を広げるためのヒントのひとつ。

for maintenance

美容医療に頼らず自力ケアでどこまでいけるか、もう少し試してみたい。自分と向き合う時間は仕事のためにも、自分を幸せにするためにもなくてはならないもの。

for writing

連載に書籍の執筆。徹夜続きでつぶれそうなときもあるけれど、やっぱり書くことがいちばん好き。わたしの生き甲斐であり自信。

わたしの朝……

起床は4時から6時の間。

ベッドから出るまでの時間も好き。

白湯を一杯飲んでから息子たちの朝ご飯。

みんなが起きてくるまでの間、冷蔵庫
やキッチンの足りないものチェック。

洗濯機が回っている間、ちょっぴりひと休み。

みんなが出た後はテラスで今日の予定
を整理しながらスムージー。

起きたらまず深呼吸。それから顔を洗ってスキンケアと髪のブラッシング。

真ん中の階のリビングで朝の支度開始。

「おはよう」息子たちと今日の予定を話しながら。

お花のメンテナンス。

仕事に出かける準備開始。

今日はどんな「顔」になろう♡

SECRET

2

……

内緒の美容

Lazy Day
さぼりたい日のスキンケア
塗って寝るだけでキレイになる

「毎日完璧に」なんて、気力も体力ももつわけない。いくらキレイになりたくても、メイクを落とすのが面倒な日だってあるし、化粧水を何回も重ねるなんてやってられない日もある。

そんな日は、とことんさぼる。思い切って「やらない」のも美容のひとつ。むりむり頑張ってよけいなストレスを増やしてしまうより、大切な睡眠時間を削ってしまうより、実は「さぼって」しまったほうがずっと美容にいい。

仕事と家事でヘトヘトになってしまう日、体調がイマイチな日、気持ちがぐらぐらして折れそうな日、そんな日はもちろん潔くおさぼり美容にシフト。

今まで色々と試してつかんだポイントをおさえながらのおさぼりケアは、肌落ちすることなく、次の日もお肌つるつる。

おさえておきたいのは、落とす・ほぐす・守るの三つだけ。

まず、なるはやだけどしっかり落とせるアイテムでのクレンジングと洗顔。できれば1アイテムでクレンジングも洗顔もすませられるものが◯。

メイクや汚れを落とした後は、疲れた肌をほぐしながら美容成分を届けてくれるオイルや美容液をのせれば完了。化粧水ではなく、オイルや美容液であることがポイント。コクのあるものを選べば守る働きも高い。もう少し余力があるときは、その上からクリームをぱぱっとONすれば完璧。気分がのらない日はさぼる。コレが実は長く続くキレイの秘訣。

1

落とす

イリュームのパーフェクトクリーンリーブス。シートに水を含ませ泡立てて洗うだけでクレンジングも洗顔もできてしまう優秀さ。時短にもなるし精神的ストレスもかなり激減。毛穴がキレイになって肌もちゅるっちゅるになるのも嬉しすぎる。

2

届けて守る

プッシュで出せるオイルとクリーム。ガミラシークレット フェイスオイル ワイルドローズとオーストラリアブッシュフラワーエッセンス ウーマンクリームの組み合わせはかなりお気に入り。

塗って寝るだけマスク

ただ塗って寝るだけで一晩中トリートメントをし続けてくれるアイテムも強い味方。たった数秒の1プロセスなのに、翌朝の肌はうるうるぷるぷる。BAのザマスクとヘレナルビンスタインのP.C.ラディアントインマスクはそんな日のために常備。夜だけではなく忙しすぎる朝に使うこともあります。

Whitening Care

二大美白ポイント

白いところはとことん白く！

白い歯は存在自体の透明感を上げる

歯は透明感のある白であること。白く澄んだ歯は、肌や髪、表情や声、発する言葉、自分を取り巻くすべての要素の明度を上げて、存在自体の美しさを際立たせてくれる。日中も歯ブラシを携帯するのは、歯を磨くだけでなく歯茎のたるみや痩せを防ぎ、キレイなピンクをキープするため。顔のたるみやゆがみも防止。

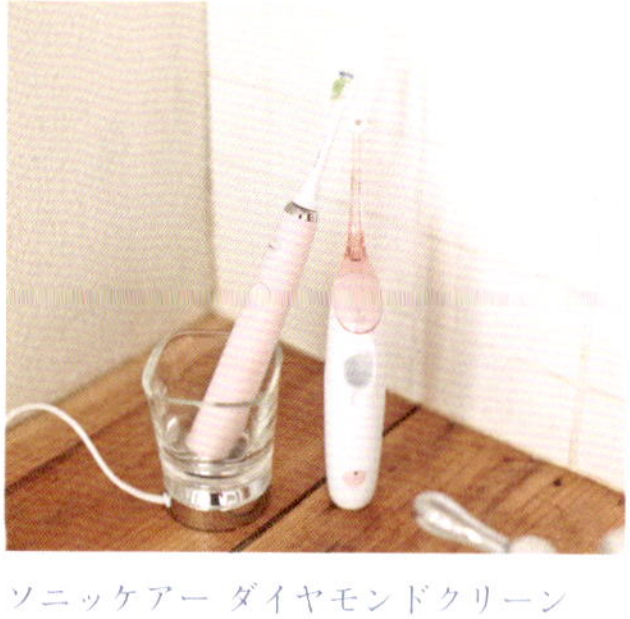

ソニッケアー ダイヤモンドクリーン
透明感のある白い歯になれるのでお気に入り。家族みんなで愛用中。歯茎のマッサージができるのも魅力。オープン価格／フィリップス
ソニッケアー エアーフロス　寝起きからキスできるほど爽快感がつづく♡　オープン価格／フィリップス

白目の白さの効能

ほんの少し充血しているだけで、くすんで見せる影響力を秘めた目だからこそ、いくつになっても透明感と潤いはしっかり保持していたい。目が合っただけでも、どうしようもなく引き寄せられるのは、白を超えてほのかに青みを感じる白目。鮮度の悪い女にならないよう、目の透明感を育てるケアを投入する。

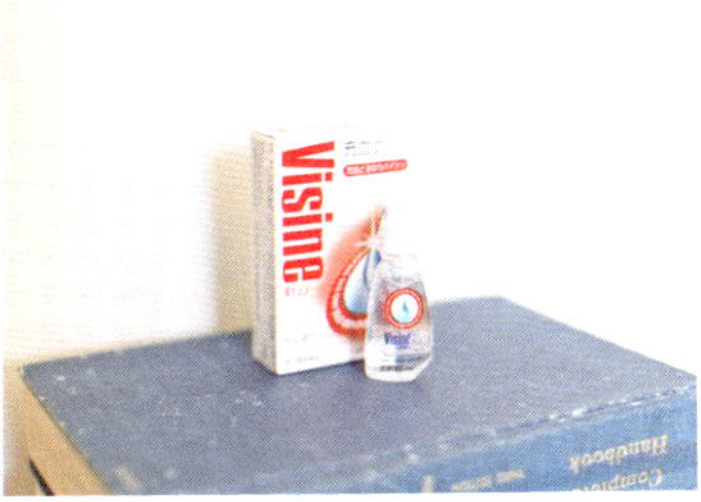

バイシン充血クリア　いくつかそろえている充血用の目薬の中でもイチバン即効性がある1本。肌にも透明感を出してくれる白さ。ポーチとメイクボックスに常備。メーカー希望小売価格750円／バイシン

目もとエステ　執筆の合間に、一日の終わりに。疲れやにごりを解消するだけではなく、目周りのシワやたるみにも効く。じゅわーんと気持ちいい。オープン価格／パナソニック

蒸気でホットアイマスク　心地いい音楽を聞きながら足の裏に湿布を貼って、むくみをとる温感オイルを塗ってラップを巻きながらこのアイマスクをするのがわたしの至福のひととき。　オープン価格／めぐりズム

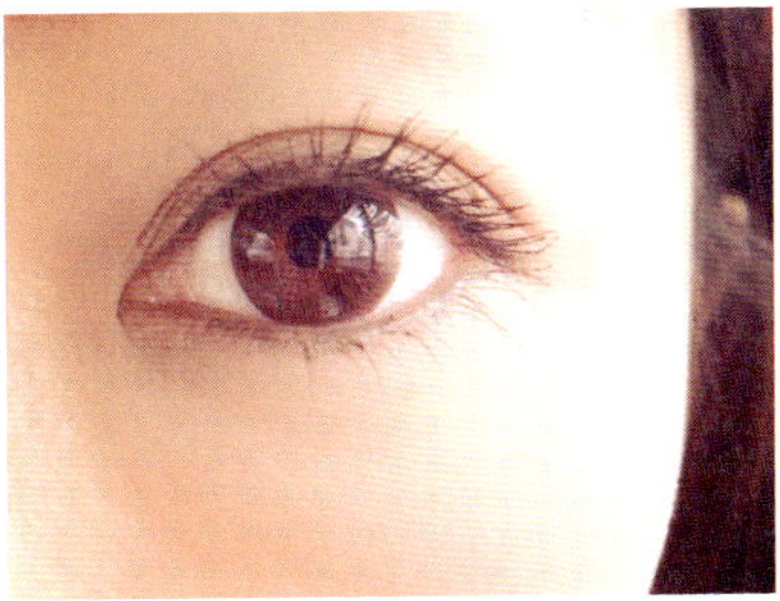

PC作業にはブルーライト対応のメガネ。頭と首・肩のマッサージで白目の濁りを解消。疲れ目に効く血行促進アイクリームはすぐONできるよう常備。メイク時はまつげで調整。ビューラーで根元からカールして光がたくさん入るようにするとキラキラ目に。うるうるしたいときにはホットビューラーであえて下げて影を落とすことで潤んでいるように見せる。

Body Hair
ナイショの脱毛事情
なで心地のいい肌の秘密

知りたいけれどなかなか人には聞けない「毛事情」。ワキの脱毛はほぼ基本となりつつあるけれど、これからはもう少し処理を施していくのが得策。

肌を濁らせて見せる顔の毛や、鼻や口まわりの毛は、脱毛することで透明感と毛穴レスのちゅるんとした顔が手に入る。

女の色気が宿る背中も脱毛のしどころ。意外と黒い渦が巻いている人が多いパーツ。1本1本の毛も太くて存在感があるので、ここも脱毛しておきたい。その他にも目に付きやすい指や腕、脚や足指も。もちろんVIOラインは脱毛強化ゾーン。

毛根から破壊し毛穴も目立たなく、細い毛にも対応できる医療脱毛と、痛みの少なさが魅力の美容脱毛サロン。私は一気に終えられる医療脱毛ひとすじだけど、それぞれの特色をふまえ、自分に合った施術方法を選びたい。

【オススメサロン】

松倉クリニック&メディカルスパ
痛みの少ない脱毛ができる医療クリニック。
住所：東京都渋谷区神宮前4-11-6表参道千代田ビル9F／TEL:03-5414-3600／休診日：ナシ

WOVE（ウォブ）クリニック中目黒
産毛までしっかり脱毛できる医療クリニック。
住所：東京都目黒区中目黒1-10-23 シティホームズ中目黒アネックス2F／TEL：0120-411-281／休診日：木・日

アベニュー六本木クリニック
短時間に脱毛できる医療クリニック。
住所：東京都港区六本木7-14-7 六本木トリニティビル5F／TEL：0120-766-639／休診日：年末年始

ブリート銀座店（美容サロン）
VIOに特化した脱毛の美容サロン。
住所：東京都中央区銀座2-2-17 有楽橋ビル3F／TEL：03-5250-2266／定休日：ナシ

サロンやクリニックでの永久脱毛ができない人には自宅でできるセルフ脱毛マシーンもおすすめ。時間はかかるけれど抜く、剃るといった除毛法よりも肌に負担をかけずに処理できる。自分で除毛するときには肌を温めてやわらかくしてから行い、後には冷やして、鎮静作用のあるローションやクリームで保護すること。

Hair Maintenance

毛がにぎる「女の鮮度」

まつげと髪は一生キレイでいたい

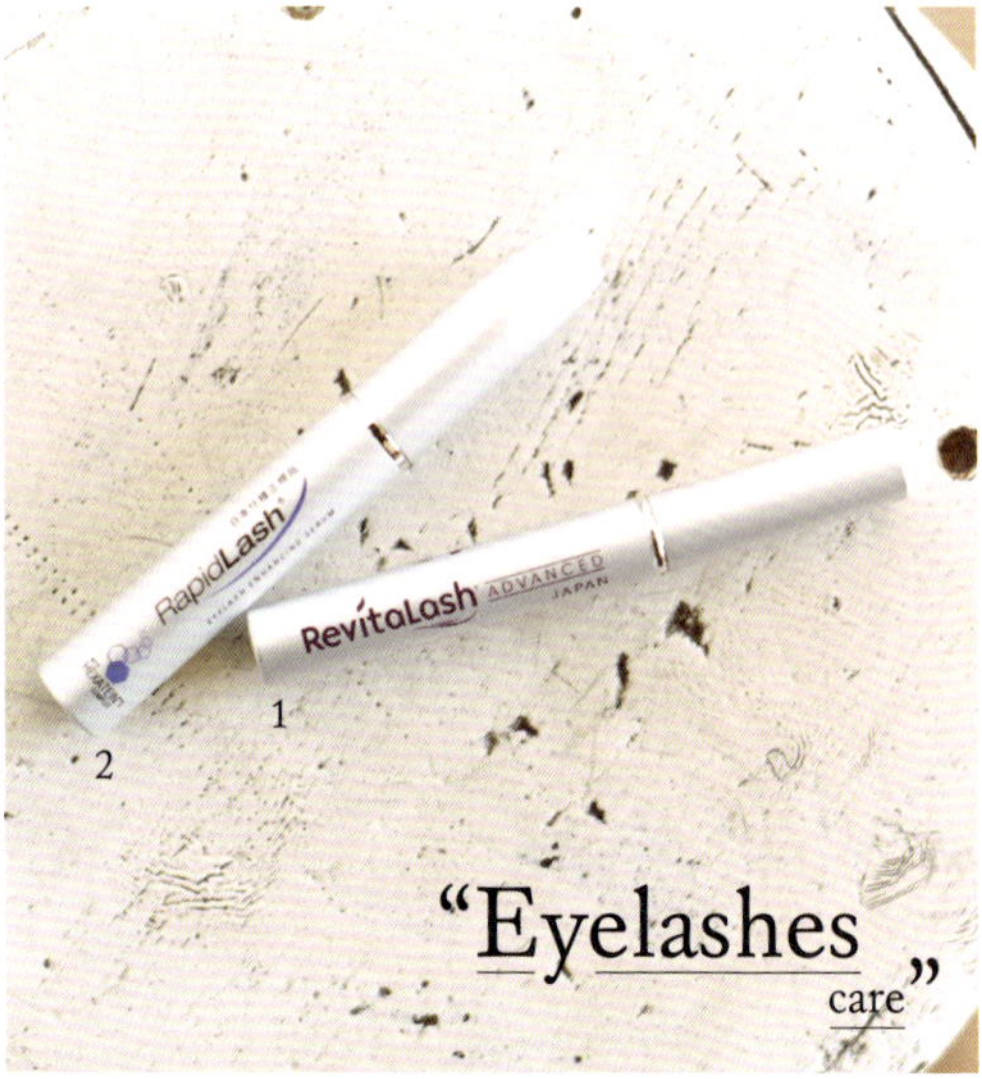

キレイのカギを握っている「毛」は、見せ方がとても重要。まつげは、目を大きく深く見せ、眼差しに色気や儚さといった温度を生んでくれる。

マスカラで長く濃くするのもいいけれど、ノーマスカラでも十分に美しい……そんな素まつげがなんともいえない女っぽさを引き立ててくれる。ついつくり込んでしまいがちだけど、女っぽさの濃度を上げたいなら、素まつげを魅せつけるほうが断然正解。つくり込むほどに痛々しくなるオトナ世代だからこそ、素の美しさを強化するケアに切り替えたい。

1
リバイタラッシュ

「エクステ?」と聞かれ続けるほど長いまつげになる美容液。目の大きさまで劇的に変わる。3mℓ　9800円／エム・アール・アイ

2
ラピッドラッシュ

長く濃い艶やかなまつげが育つ。憂いのある色気を感じる眼差しが手に入る。9000円／ベリタス

“Hair care”

髪は顔より大事。髪がキレイなだけで、欲しい空気感が手に入る。色気、清潔感、可憐さ、透明感。生まれつき多毛で、硬くて太くてそのうえ頑固なくせ毛のわたしが行き着いた最強の逸品たち。

1 モロッカンオイルトリートメント

香りが最強。思わず振り返るほどいい匂い。しっとりちゅるんとした触れ心地のいい髪にしてくれる。100㎖ 4300円／モロッカンオイルジャパン

2 IN イニシャリスト

なめらかな髪を育ててくれるスカルプセラム。やんちゃなクセも扱いやすくなる♡ 60㎖ 5500円／ケラスターゼ

3 NU バン オレオリラックス

今まで使ったシャンプーの中でいちばんわたしの髪にあっている1本。硬め多めのクセ毛の人におすすめ。250㎖ 3000円／ケラスターゼ

4 SP バン センシドット

1シャン目に使っている頭皮シャンプー。頭皮の汚れをとることでキレイな髪と透明感のある肌と澄んだ目が手に入る。250㎖ 3200円／ケラスターゼ

5 NU マスクオレオリラックス

さらさら感とツヤ感の両方が手に入る贅沢なヘアマスク。愛してやまない逸品。200g 4800円／ケラスターゼ

Pores
毛穴レスキューアイテム
タイプ別に使い分けています

2
1
around
"Nose"
鼻が綺麗だと
女の格が上がる

毛穴をなくす

肌の透明感やなめらかさを奪う毛穴。美白をしなくても、毛穴をちょっと目立たなくするだけで、肌全体の透明感が跳ね上がる。

なめらかな質感を手に入れるには、毛穴をきゅっと小さく、そして黒ずみを払拭すること。諦めていたぽっかり毛穴も、黒ずみ毛穴も、たるみ毛穴も、ケア次第でどうにかなる。

1
ビューティクリアパウダーa

毛穴が小さく、キレイになる洗顔料。シミやシワの予防にも効果あり。ストックせずにいられないくらいのお気に入り。32個　2000円／スイサイ

2
C-クエンス4

ビタミンA配合のアンチエイジングコスメでわたしの殿堂入り。肌を褒められるようになったのはこの1本があったから。35㎖　20000円／エンビロン

毛穴を隠す

毛穴は、根本から改善するスキンケアと、瞬間的にキレイに見せて女心を満たしてくれるメイクケアの両方からのアプローチが大切。

塗るだけで毛穴を無かったことにしてくれるベースアイテムを投入して、至近戦でもオドオドせずにいることができる毛穴レス肌で、ON時間を楽しむ。

1 キールズ ブラー

女心をわかっている逸品。使い続けると毛穴も引き締めてくれる下地。30㎖ 3600円／キールズ

2 ポアクリア ベイス

くるくるするだけでちゅるんと磨き上げたような肌になれる至近戦攻略用の部分用ファウンデイション。SPF10 PA＋ 4g 2800円／イプサ

Decollete

デコルテと首のこと

実は年齢を重ねるごとに磨かれる部分

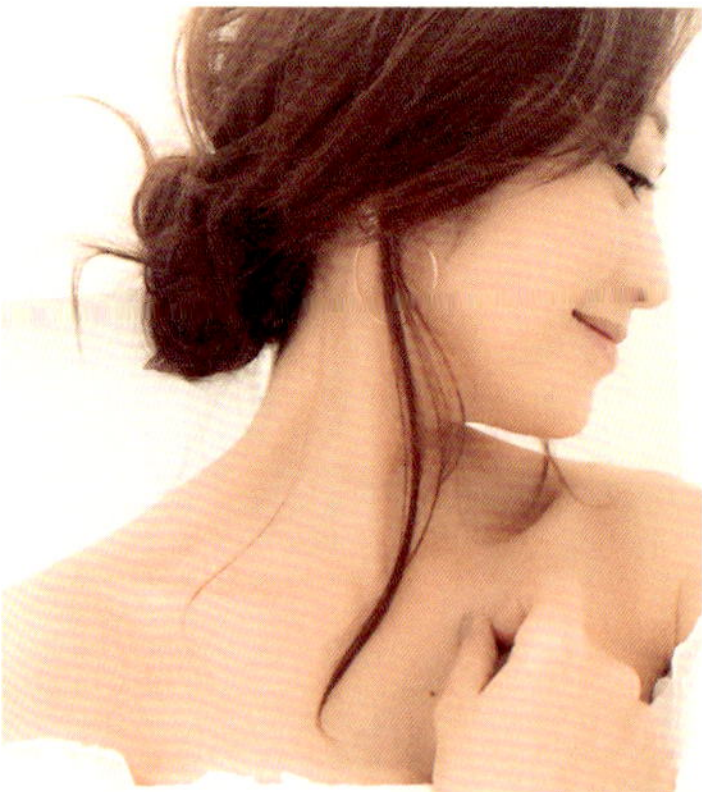

デコルテをケアしていると顔のたるみやシワ、くすみ防止にもなるので、今すぐにでも始めたいケアのひとつ。

デコルテは年を重ねるごとに女っぽさが濃くなるパーツ。最近のブームはリンパより静脈マッサージ。静脈のほうが水分をたくさん流してくれるからわたしは毎日実践。デコルテの骨格がキレイだと見た目体重マイナス5キロ。デコルテの透明感は丁寧に自分と向き合い生きているという色気を生む。

リンパより静脈マッサージが効く

1 首筋から鎖骨のくぼみまで静脈の上をなぞる。力を入れすぎないようにしながら、上から下の順に何回か繰り返して。

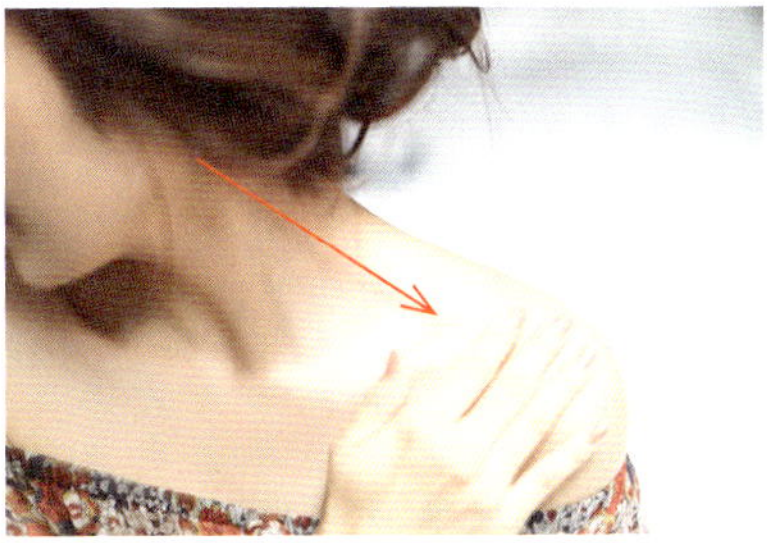

2 鎖骨の上下を各3回押し流し、最後にくぼみをぐーっと親指で押す。毎日続けると顔が小さく、首が細くなる。

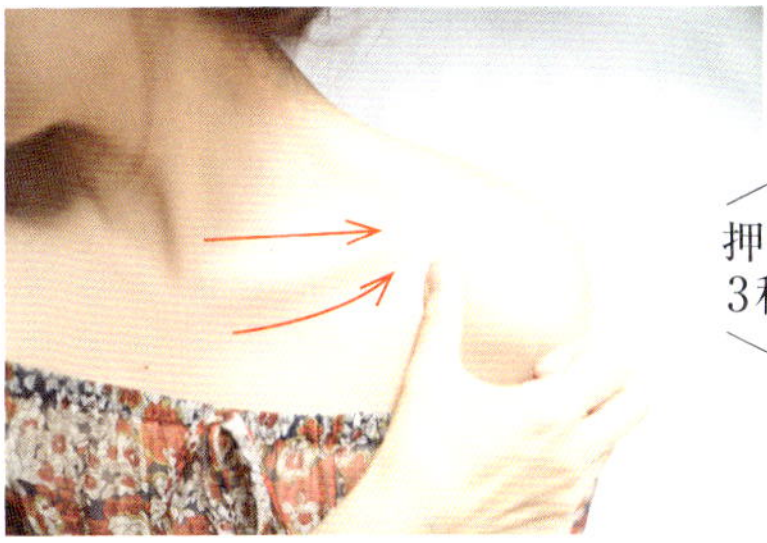

押す時は
3秒間ぐーっと！

3 次に右手で左の背中から前に肌を持ってくるように静脈を流す。反対側も同様に。

オイルですべりを
よくして！

4 3で後ろから持ってきた手は、胸の中心に向かって流して終わり。1日10回ほど繰り返すだけで顔色が明るくなって、肩まわりが華奢に。

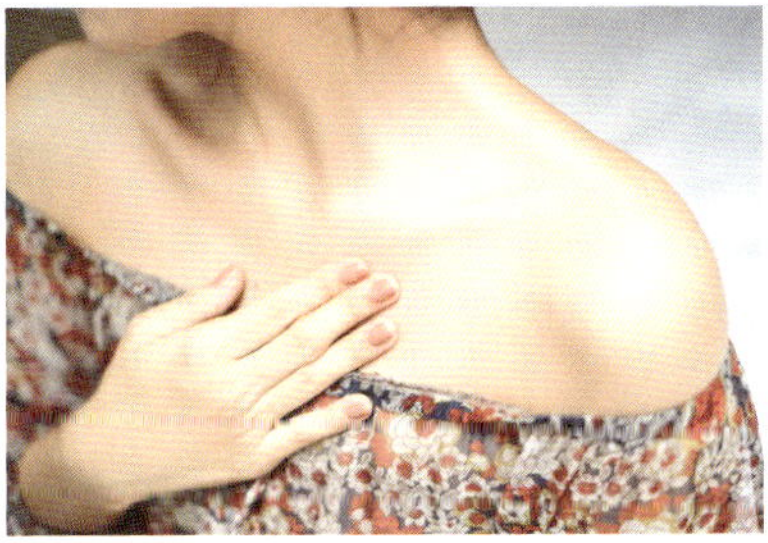

Sensitive Skin

ゆらぎ肌と日焼け肌

不安定な肌を癒すお助けコスメ

ゆらぎ肌

荒れた肌には化粧水がしみることも。そんなときは化粧水も美容液も一切なし。洗顔後に保護クリームだけやさしくたっぷりのせる。
ダメージを与えやすい洗顔やクレンジングアイテムは敏感肌用を。わたしはそんな日には負担がかかるクレンジングをしなくてすむように、ノーメイクかクレンジング剤不要のコスメでメイクする。

1
スキンフード

肌がゆらいだときにはこれ1本でケア。鼻をかむときには前後にこのクリームをぬるとカサカサ赤くなるのを防げる。30㎖　1400円／ヴェレダ

2
カレンドラケアクリーム

皮がむけてしまったり、乾燥がひどいときや日焼けしてしまったときはこれに頼る。家族みんなで頼りにしているクリーム。25g　1600円／ヴェレダ

日焼け肌

日に焼けた後、シミやくすみを残さないためには三日が勝負。シートマスクや美容液をたっぷり贅沢に毎日朝晩使用。鎮静作用、抗酸化作用が高く保湿効果にも優れているオイルもたっぷりのせて。ケチらずたっぷり美白集中コスメでケア。

1
キールズ DS クリアリーホワイト マスク
肌を透明にしてくれる即効力ともっちもちにしてくれる保湿力がたまらない1枚。ローションパック後にコレをのせてラップで15分。医薬部外品 6枚入り 7200円／キールズ

2
HAKU メラノフォーカス CR
肌が白く透明になっていくのを実感できる特別な1本。たっぷり全体にのせて高い部分とシミになりやすいところに重ね塗り。45g 10000円／資生堂

3
トリロジー ロザピン プラス
これなしじゃいられないくらいに愛しているオイル。ローション、マスクの後にたっぷり塗って、時間をおいたらまた肌を触って乾いた部分に何度も塗る。30㎖ 5700円／トリロジー

Bath Time
お風呂の作法
入り方で変わる女の出来

“Bath salt”

お風呂はキレイを育てる時間。一日頑張ったカラダをほぐして自分の中を「心地いい」で満たしてあげる。疲れているときに長く入ると代謝が落ちるので入浴は15分。時間と体力があるときは30分以上。肩を冷やさないよう全身浴がキマリ。顔や頭もホットタオルで温めると肌に透明感が出て顔が小さくなる。

1
サンタ・マリア・ノヴェッラのバスソルト ザクロ
—至福の香り♡夜のお風呂の定番。女っぽいなめらかな肌になれ、心地よい残り香も楽しめる。500g 7000円／サンタ・マリア・ノヴェッラ

2
SHIGETAのバスソルト（グリーンブルーム）
—朝はこの香りでhappyな予感をもらう。285g 2700円／シゲタ

After Bath
お風呂あがり
抱き心地のいい肌になる

"Body milk"

なめらかでフワフワでモチッとした吸いつくような肌。女の特権であるこの肌感を最上級に育てたいから全身ぬかりなく塗りこむ。

かさつく部分やひじ、ひざ等ごわつきがちな部分にはたっぷりと。保湿重視の部分はオイルをなじませてから重ねると効果的。先端から心臓に向かって塗ることで巡りをよくしてむくみを改善すれば、すっきりとしたボディラインに。

1
フルボディ エマルジョン AC R
うるんとした肌になれるミルク。全身にたっぷりなじませて吸いつくようなうっとり肌を育てます。150㎖ 5600円／スリー

2
ジュイール ホワイト ファーミングセフム
発光するような透明オーラのあるボディになれる。ボディでは珍しい美白効果も。200g 4000円／アルビオン

The Bottom of The Face

顔の下半身が老けを左右する

ほうれい線、二重あご、口角下がり……

【むくみ】

両方の親指で頬骨の下をぐーっと押してむくみを解消。首の力を抜いてうつむきかげんになると頭の重みで押しやすくなります。痛気持ちいいくらいがポイント。

【二重あご】

フェイスラインを親指と人差し指で中の肉までグッとつかんで、軽くつねるようにしながらじんわり熱くなるまで往復すると二重あご防止に。

around "Mouth"

【ほうれい線】

1
クリニーク
スマート カスタム
リペア セラム

縦じわがふっくらする♡透明感が上昇するのもお気に入り。30㎖ 10000円／クリニーク

2
リプラスティ プロ
フィラー アイ&リップ

小じわのできやすい目元と口元の日中のお直しにも使用。夕方になってもしぼまない、一日中ふっくらな肌でいられる。15㎖ 18500円／ヘレナルビンスタイン

3
LE L セラム

時間が巻きもどる美容液。フェイスラインがきゅっと持ち上がる。30㎖ 16500円／シャネル

顔の下半身は加齢だけではなく色々な要因がある。出産や姿勢の影響でゆがんだ骨盤。噛みぐせや寝ぐせでずれた重心。最近ではスマホやPCに向かうとき、首が前に出て肩も前に巻き込まれることが原因で顔がゆがんでたれることも。

疲れたときは、耳をひっぱったり肩甲骨をぐるぐる回すのが効果大。

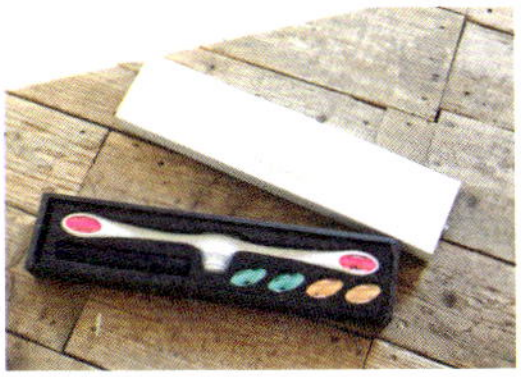

【口角】

PAO

口まわりの筋肉を鍛えることで、締まったフェイスラインが手に入る。口角のたるみも激減。12800円／エムティージー

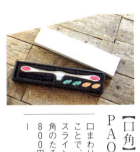

Anti-Aging

老けない肌づくり

シミもくまもあえてうっすら残す

肌をキレイに見せたいなら、必要なのはベースを薄くする勇気。そして賢い嘘のつき方。下地やファンデーションも隠すものではなく、肌の色むらをなくし、質感の調整をするものと思うとちょうどいい軽さになる。はじめはとても不安になるけど、この薄さこそが肌がもともとキレイな人に見せる、そして今っぽく洗練させて見せる大きなポイント。

くまや色素沈着、くすみという「使い古した生活感」を出してしまうネガティブアイコンたちは、カバーしたいものに適したアイテムで丁寧に。

青ぐま、茶ぐまはオレンジベージュ、赤くまはイエローベージュのコンシーラーでカバー。100%隠しきると目が小さく見えてしまうから、80%くらいでほんのり影が残るくらいに仕上げるのが目を大きく見せながらくまをカバーする秘訣。目の際の2〜3ミリほどはコンシーラーを塗らないこと。ぎりぎりまで塗りこむと目が小粒に見えてしまうので要注意。

シミやニキビは肌と同じ色のコンシーラーでひとつひとつ丁寧に隠す。小鼻や目尻、口角などの色素沈着や色ムラも、同じく肌と同じ色のコンシーラーをとんとんと指の腹やスポンジの角を使って密着させる。

肌全体は薄く仕上げて、ネガティブゾーンだけ丁寧にカバー。たとえていうなら、嘘の上手な人が嘘をつくのは重要な部分だけで、残りのギリギリまでは本当のことを話して真実味を出す感じ。肝心な部分だけ巧みに隠すのがコツ。

【くま】

1 コレクター

目元専用のコンシーラー。とんとんのせるだけでくまがなかったことになる。顔に品と清潔感も出せる。3600円／ボビイ ブラウン

2 ナチュラルRコンシーラー

目元をトリートメントしながら顔全体の鮮度を上げてくれる色と質感が絶品。7000円／フランシラ

肌は隠さず
透けさせる
つもりで

シミやソバカス、
ホクロも少し薄く
なるくらいが目安。

【シミ】

1 HAKU メラノフォーカス EXマスク

マスク後の透明感にうっとり。使い続けるごとに気になっていたシミが薄れていくのを実感♡ 6包 10000円／資生堂

2 ブライトアップファンデーション

3桁いくくらいリピートしている優秀なコンシーラー。頼りになる1本。3500円／カバーマーク

Food & Supplements

美容食とサプリメント

全身ウルウルでいる秘訣

1

1.タンチュメール　コスメキッチンで買った濃縮ハーブエキスは、効能別に5種類。眠りを深くしてくれるバレリアンがお気に入り。

2

2.ダイジェスティブファースト＆ハートファースト　全粒大麦のシリアル。GI値も低くて食物繊維が豊富なので、朝食でとると一日が快適に過ごせます。

3

3.ミトコンドリアブースター　1日3粒飲むだけで体温を上げてくれるサプリ。飲むとお腹からポカポカして代謝を促進。2週間で5キロ痩せた人も！

4

4.ココナッツオイル　脂肪を燃やしてくれると噂のエキストラヴァージンココナッツオイルは、なんにでも使えて万能。

5

5.ウドズ・オイルブレンド　オメガ3脂肪酸とオメガ6脂肪酸を効率よくとれるオイル。サラダなどにかけて生で。冷蔵保存で酸化を防止。

6.ベジフルール　コラーゲン、プラセンタ、コエンザイムQ10などの肌にいい成分がたっぷり入った粉末。1日1袋で30日分。

7.はちみつ　オーガニックのはちみつはたくさんそろえている。特にミール・ミィのはちみつが大好き。

8.スリー リズムビューティー　忙しいときにぽんっと飲めるカプセルのオイルは携帯にも便利。オイルは全身を潤った女にしてくれる秘薬。

9.エルボリステリア ブレンドティザンヌ　ドイツマリエン薬局のメディカルハーブティー。ハーブティーは毎日欠かさず。体調や気持ちに寄り添ってくれるものを選ぶ。

Suntan Prevention

日焼け対策

可愛く守るポイント

自分も動く日はキャップで!

髪にはUVカットのトリートメントスプレーやオイルでケアしながら紫外線もカット。

日焼けはしたくないけれど、完全防御しすぎるのも可愛くない。だから、黒子にはならない紫外線対策を。

車や電車移動なら、紫外線ブロックのサングラスやメガネ。車や電車の窓際は、日光浴しているようなものだから、車移動の多いわたしは窓にUVフィルムを貼っている。

日焼け止めは使用量をしっかり使い、焼けやすい額や鼻、目まわりやほお骨部分には重ね塗り。耳の後ろや首筋、うなじやデコルテ、手や指、肌が見える部分は抜かりなくしっかり。

髪にもヘア用のUVカットスプレーやオイルを忘れない。普通の日には一日二回。アウトドアシーンでは一～二時間ごとに塗り直し。日焼け止めは塗り方、量、お直し塗りがとても重要。自分で塗りにくい部分や手早く重ねたいときにはスプレータイプが便利。

広いつばの裏には
遮光生地を
使用しているから安心

息子たちとのアウトドアなら、服は夏を楽しみながら紫外線ブロックアイテムとスキンケアで日焼け防御。遮光遮熱率の高い生地を使用した日傘、帽子にアームカバーを。

Hair Care

老け髪防止

後姿で年齢がわかるのは
髪に年齢が出ているから

頭皮をケアし髪にボリュームを与えてくれるエイジングヘアコスメを投入。産後の抜け毛や切れ毛に悩まされることもなかったのはこのアデノバイタルのおかげかも。

夜はトリートメントにホットタオルを巻いてシャワーキャップをかぶり、15〜20分おいてダメージケアも。

まわりでも、ストレスに浸食されて、薄毛などの髪トラブルの話はよく聞く。わたしが大切にしているのは土台である頭皮。一日数回、気がついたときに指の腹やグーにした手で頭皮を頭蓋骨からずらすようにマッサージをしてほぐす。肌の透明感も上がり、顔のたるみやシワ予防にもなる。

朝晩はクッションブラシで頭皮ごとブラッシング。疲れたときにも行って、血行を促す。

インバスケアでは頭皮用のシャンプーやトリートメントを取り入れて、つやんうるんとした髪が育ちやすくなるケアを。クセや乾燥が改善されてきたのも頭皮ケアの効果だと思う。

アウトバスでは頭皮用のセラムを投入。未だ白髪がないのも、ボリュームを保てているのも、頭皮ケアのおかげ。頭皮のケアは、匂い問題を防止できるのも嬉しい効能。

Hair Color

髪の色で毒を盛る

1カ月に1回はカラー、2週に1回はトリートメント

わたしの定番カラー「ラズベリーレッド」は、コクと深みが出る赤を混ぜてつくってもらう、愛してやまないカラー。髪の色はそのまま存在感に関わるから色を決めるときは慎重に。

重要視しているのは、肌の色が明るく透明に見えること。黄味よりのわたしの肌のくすみを取り払い、透明感を増してくれること。そして、瞳がキレイに見えること。肌の温度が上昇して、髪の赤みが瞳に映り込むことでうるっとした微熱を含んだ眼差しになれる。

くせ毛で艶が出にくく、バサッとしたドライな質感になりやすい髪だから、ちゅるんと見えるような質感も重要になる。

欲しいのはほんのりと毒を感じるいたずらっぽさ、それから簡単には解けそうにない謎めいたもの、それに加えじゅわんとした色気。

その他大勢にならないよう、あえて他の人がしていない色を選ぶのが好き。

アッシュのような寒色のヘアカラーは黄味よりの肌をくすませてみせる。
傷んだ髪やドライな髪をよりパサついて見せてしまうことも。

【オススメサロン】

ビュートリアム七里ヶ浜店
カットはココ。もう20年近くお世話になっている川畑さんにはすべてをおまかせできる。
住所：神奈川県鎌倉市七里ガ浜1-1-1 WEEKEND HOUSE ALLEY #04／TEL：0467-39-1201／定休日：火曜

Un ami（アンアミ）表参道店
わたしのラズベリーカラーをお願いしているサロン。トリートメントが特にオススメ。
住所：東京都渋谷区神宮前5-6-13 ヴァイス表参道1F／TEL：03-5774-1011／定休日：月曜日

Salon de Rejue（サロン・ド・リジュー）
髪が生まれ変わるトリートメントならココ。超リラックスできるヘアスパ。
住所：東京都港区南麻布5-15-9 バルビゾン70番館2F／TEL：03-5793-3359／定休日：ナシ

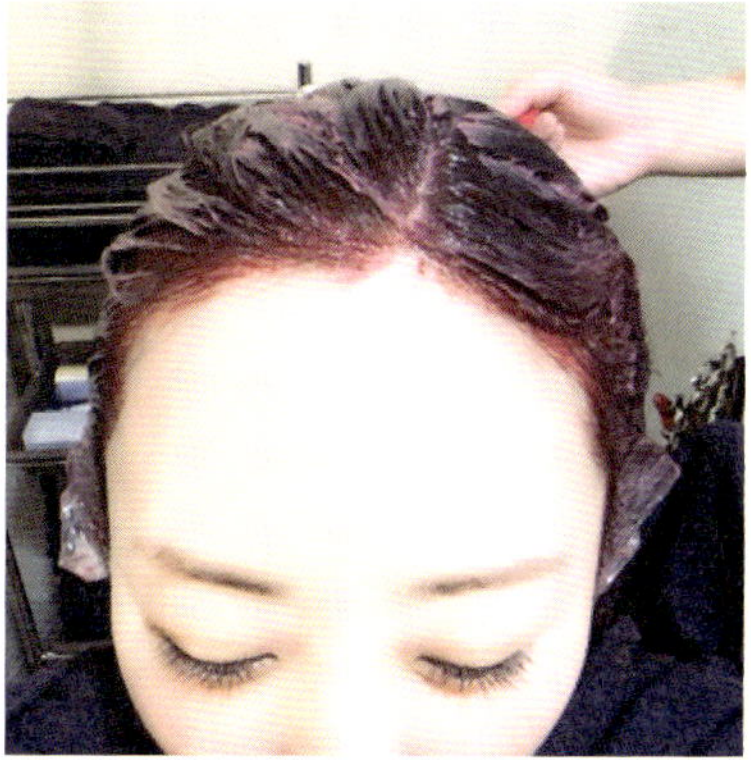

ラズベリーレッドは定番色。
艶を出してくれる赤系が好き。

Legs
脚を育てる
ひざ下は女濃度を高める場所

体

重は変わらなくても、ひざのカタチやふくらはぎの位置、足首の締まり加減まで、年齢と共に脚は変化する。

「○歳だからもう見せられない」なんて言いたくない。スランとした脚は、日々のケアで育てる。

その日のむくみはその日にとると太くならないから、全身浴後のマッサージは効果大。

1
リファフォーボディ
転がすだけでサロンで仕上げたすっきり脚になれる。お腹や二の腕にも使えて全身の引き締め効果も。33000円／リファフォーボディ（エムティージー）

2
ボディオイル “アンティ オー”
翌朝の脚の細さに嬉しくなる。肌が引き締まり脚が軽くなる手放せないオイル。100ml／7000円／クラランス

3
フット&レッグ トリートメント オイル ACR
触れ心地のいいスランとした脚が育つ。使い続けるとむくみにくい脚に。80ml／5000円／スリー

4
メディキュット
丁寧にマッサージしてもらったように無駄のない脚になる。脚の裏に湿布を貼ってから履くとよりすっきり。オープン価格／ドクター・ショール

Enchanting Woman

やわらかい女になる

うっとりさせる触れ心地でいたい

大切にしているのは、女だけの特権。自分を包む空気の透明さ。髪や肌のなめらかさ。カラダの曲線。声の温度。心のまろやかさ。

触れた瞬間から離れられなくするような、なんだかわからないけれど、どうしようもなく心地よくて、恋しくなるような、そんなやわらかい女でいたい。

放っておくと、カサカサ、ガチガチ、ごわつきを増す生き物だからこそ、自分の手で「自分の中の女」を丁寧に育てていきたいと思う。

女は触れるもの、包まれるもののやわらかさでつくられるから、かたくなってきたなあと思ったら、全身をやわらかくてまろやかなもので満たす。

肌はコクまろのテクスチャーと香りのコスメで。カラダはとろけるような肌触りのリネンのランジェリーで。髪はちゅるうるな指触りになれるトリートメントと、ふわんとした空気感を生むシャンプーで。声はたっぷりの水分と甘いはちみつで温度を込める。心に効くのは温もりと甘み。

ときには自分を思う存分甘やかしてあげること。そして温かい灯りと音、包容力のあるおくるみ級のベッドに、お腹の芯からホッとする温かい飲み物と、甘～い食べ物。女である自分を堪能しながら、欲望を解放しながら、とにかく頭の先からつま先まですべての感覚で気持ちよさ、心地よさを感じまくる。それが女のやわらかさを生むために大切なこと。

Voice
声の育て方
声で恋に落とす

温度のある声が理想。耳にも心にも心地がよく、ずっと聴いていたくなるような潤いを含んだまろやかな声。

声は、音や音楽と同じように無条件に感覚に入り込むもの。ただ発するだけで相手をうっとりさせたり、居心地の悪さを感じさせたり、時には恋に落としてしまうくらい特殊な作用を持っている。だからこそ、いつでも誰かをうっとりさせることができるような艶のある声を持っていたい。

でも、声帯のヒアルロン酸は歳を重ねていくと、女性ホルモンの分泌が低下するのと一緒に減ってしまうから、かすれ声になったり、高い音が出なくなっていく。そして、声も使わなければ筋肉と同じように老化していく。いくらお肌をケアしても、おじさんのような太く低い声だったら女っぽさは激減。

これを知ってから、喉は大切にしようと意識を始めた。まずは水分をこまめにとって潤った状態をキープ。部屋には加湿器、外気が乾燥しているときにはマスクや飴で喉が乾かないよう予防。はちみつのように抗菌作用のあるもので喉の炎症をケアするプロセスも取り入れる。タバコはもちろん、アルコールやカフェイン、辛い食べ物も声帯を傷つけてしまうから、とりすぎないよう注意。

そして、たまには思いっきり歌ったり、家族とお喋りを楽しむことで声を使うのも大切なこと。

Photo Album

LOVE

TuTu
CALIFORNIA
PINOT GRIGIO

Happy Wedding

SECRET

3

大人可愛いの組み立て方

One-Piece Dress

恋するワンピース

女の子をいちばん可愛く
見せてくれる服

天気の悪い日は靴から決めることも。雨の日は汚れない靴と崩れない髪に合わせて服を決める。これはVelnica.で。

クローゼットのほとんどがワンピース。着るだけでコーディネートが完成するから慌ただしい朝にもやさしい。全身うつる鏡の前で悩む時間も楽しめる。これはADOREのもの。

同じワンピースでも靴で印象が変わる。何足も履き替えていちばんぐっとくる靴でお出かけ。これはme&me coutureのワンピース。

ベーシックなカラーも好きだけど、女の特権も堪能したい。色のあるワンピースは毎日にhappyな空気を吹き込んでくれる。その日の肌がいちばんキレイに見える色で。Velnica.のもの。

Coordinate
わたしの組み立て方
どこかに女の子らしいアイテムを入れます

"Summer"

EQUIPMENTのブラウスにChloéのスカート。Chloéのショルダーと Charlotte Olympiaの靴。

白を着るときには潔く全身白。魚のデザインの靴でわたしらしい毒を注入。襟が詰まっている服のときには髪はサイドによせるかまとめると首がキレイに見え、顔も小さい印象に。

"Spring"

Chloéのボーダーニットに Raw＋のボトム。Valentinoのクラッチと Louboutinのパンプスを合わせて。パンツのときにはヒールを合わせ、髪やメイクも女っぽく仕上げるのが好き。

ボーダーは「無難」になりやすいから上品スタッズのクラッチで違うリズムを入れ込む。

Style 4

"Winter"

ACNEのニットにMADISON BLUEのデニム。PIPPICHICの靴。
彼に借りたようなゆるっとサイズのニットが好き。もこもこニットのときには、くるんと髪をまとめピュアなメイクで仕上げるか、ストレートタッチの極ゆる巻きに鮮やかリップで色をさして遊ぶことが多い。

Style 3

"Autumn"

kate spadeのブラウスとスカート。HERMESのケリーとLouboutinのパテントを合わせて。黒を着るときにはデザインやラインのキレイなもので平坦な印象を回避。肌を出して抜けをだすと小柄なわたしでも重くならない。
全身黒のときには靴やバッグに色を差し込むことにしています。

Mirror
「鏡」のこと
見れば見るほどキレイになれる

世界で唯一ライブの自分を見ることができるもの。

鏡は、見れば見るほど自分をキレイにしてくれる、事実「魔法の鏡」。肌の状態、表情、全身のバランスに、メイクの仕上がり。鏡が教えてくれることはものすごく多い。

体重計では測れない、ボディのたるみやラインのゆるみ、姿勢のゆがみを瞬時に教えてくれるのも鏡の力。

鏡は、見ないほどに女を老化させるけれど、見るほどに自分を磨き上げてくれるもの。

だから鏡は絶対に見たほうがいい。自惚れではなく、鏡を見るということはひとつの美容法。できれば一日最低10回。

自分を「知る」ことができる人は、「自分をキレイにすることができる人」。朝の起き抜け。スキンケア。ボディケア。メイク中。出かける前の全身。仕事前。ランチ後。日中のお直し。夕方のお直し。帰宅直後。バスタイム。スキンケア。ベッドに入る直前。

前からだけではなく、横から、後ろから、斜めから、360度見ること。ボディは裸の状態でたるみや肌感、ラインを観察。ときには鏡だけではなく色々な角度や表情を自撮りして、「他人から見た自分」を確認することも大切。

Sweet vs Mannish

甘辛メイクバランス

二つの顔を持つ女でいたい

甘い色もチークもなし。眉とラインを中心寄りに描いて強さを出す。

首がつまっている服は髪をまとめる。顔まわりの髪で女っぽい空気を出して。

湿気の多い日は髪をタイトに。くすんだ光だから目元を明るく。

ヘアもストレートやストレートニュアンスの残るゆる巻きにすると辛め風味を出しやすい。

ときにはホクロを描いて色気増し。口元と目尻が効果的。リキッドライナーで描く。

顔の中にある丸みを削いでいくと辛めの顔に。目尻長めアイライン。

Mannish

Sweet

丸みのあるウエーブに砂糖菓子のようなピンクを使ってガーリーに。

チークは丸く、マスカラも真ん中を重ねて縦幅を出すと甘くなる。

チークは下め広めに入れて。髪もセンター分けでピュアな印象に。

顔の中心から少し離して眉を描く。遠心的にするとヌケのある顔に。

顔を全部出すときは眉を太めに。顔の余白を少なくすると小顔に。

チークとリップの色が甘めなときはアイシャドウにビターな色を。

顔の中の横線（眉、アイライン、唇）をふんわり描くと甘くなる。

Hat

帽子で「なりたい女」になる

印象自由自在

帽子は、髪以上に簡単に素早く「女」を着替えさせてくれるアイテム。ただ頭にのせるだけ。たったそれだけで、ノーブルな女、可愛げのある女、ヘルシーな女、ハンサムな女になれる。

メイクや髪型で手に入れるにはなかなか難しい「雰囲気」を、瞬時に手に入れることができる賢いアイテム。

そして、３６５日色々変わる、忙しい女のテンションに付き合ってくれる心強いアイテムでもある。

なんだかさえない日、自分との倦怠期、髪が決まらない日、人と関わりたくないちょっとめんどくさい日。そんな日に、ちょっぴり新しい風を吹かせてくれる作用もある。

こんな賢く頼もしい帽子は、自分をもっと楽しむため、そして鏡を見てため息をつきたくなるダメな日のレスキューアイテムとして、いくつか常備しておくことにしている。

帽子は、「なりたい女」に変身させてくれるもの。だから、顔のカタチに合うものを何度も試着して選ぶこと。かぶったら髪もアレコレとカタチを変えて、本当に似合う帽子との出合いを見逃さないように。

そして、帽子をかぶると目が強調されるので、顔が深く見えるという嬉しい効能つき。顔の薄い人、目が腫れてしまった日にもおすすめ。

1.ボルサリーノ。ハンサムな女になれる逸品。

2.白のボルサリーノ。白は「特別な女」に見せてくれる。

3.脱力させてくれるニットキャップ。なぜかピュアな気分になれる。

4.ERIC JAVITSは毒のある品が好き。

Accessory
アクセサリーは女の力量
記憶に残る女になる方法

アクセサリーは自分が自分でいられるための、
それから、誰かがわたしを思い出してくれると
いうhappyを起こしてくれるもの。

美味しそうな天然石は自分の色を選ぶ。

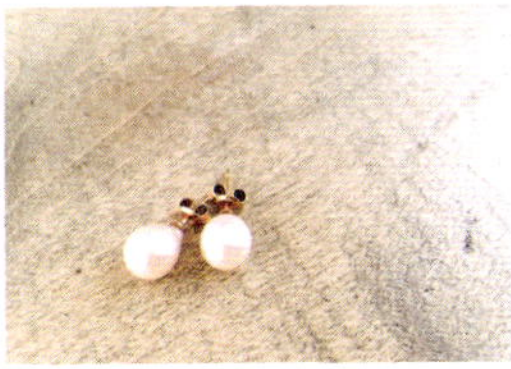
ひと粒パールのノーブルな空気感が好き。

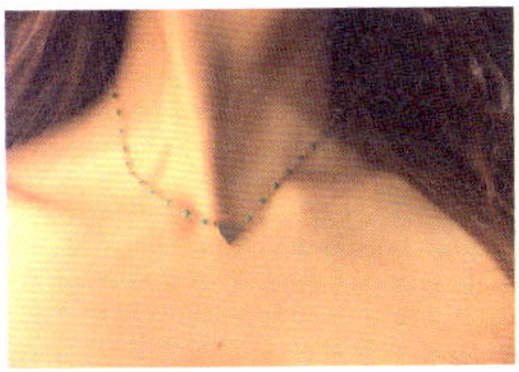
ターコイズのネックレスはいつもつけているお守り。

わたしにとってのアクセサリーは、「スタイリング」というより、「刷り込み」に近い。

毎年1月にその一年付け続けるアクセサリーのテーマを決める。色の場合もあればモチーフの場合もある。決めたら毎日付け続ける。そうすることで、わたしを知る人たちが、離れているときも、その色やモチーフを見るたび、ふとわたしを思い出してくれるようになる。付けるだけで、「わたしらしさ」をつくることも、「記憶に残る女」になることもできてしまう。そんなアクセサリーの付け方が好き。

2014年はブルーの天然石だった。ジェリーのようなブルーの石のリングにターコイズのネックレス。付け続けることでお守りのような安心感と「わたしはわたしでいい」という自分へのメッセージにもなる。気分を変えたいときはそこに重ね付け。

2015年に選んだのは、美味しそうなピンクのリングと星のネックレス。ピアスはファッションに合わせて着替えるルール。

Shoes
靴マニア
女は足元から

見ているだけでドキドキする、履くだけで自信をくれる靴が好き。

美しく塗り整えた手先のネイルと同じで、自分の目に触れる足先の美しさは、見るたびに自分は女だと自覚させてくれる。この自覚がわたしにとって必要なプロセス。

仕事や家事、子育てと、ついバタバタしてしまう毎日の中、自分が女だということを忘れてしまいそうになることはしょっちゅうある。そんなとき無理矢理ではなく、とても自然に「ときめき」という温度で女の楽しさをよみがえらせてくれるのが、靴の魔法。

女らしいフォルムの靴も、毒ありのスタッズ靴も、思わずにんまりしてしまう愛嬌たっぷりの靴も、どれもただの「靴」ではなく、女としての自分を楽しむための最強アイテム。美しい靴はいつだって女のコをｈａｐｐｙにしてくれる。

Manolo Blahnik

フォトジェニックなピンクのマノロ。足を通したときの美しさも完璧。

Christian Louboutin

肌にレースが透けたような色っぽいルブタン。いたずらな毒をもった女心をくれる一足。

Dolce&Gabbana

ドルチェ&ガッバーナのレオパード。デニムのときの毒として履くことが多い一足。

JIMMY CHOO

ジミーチュウのグリーン。肌色と重なり合ったときのグリーンのキレイさにうっとり。

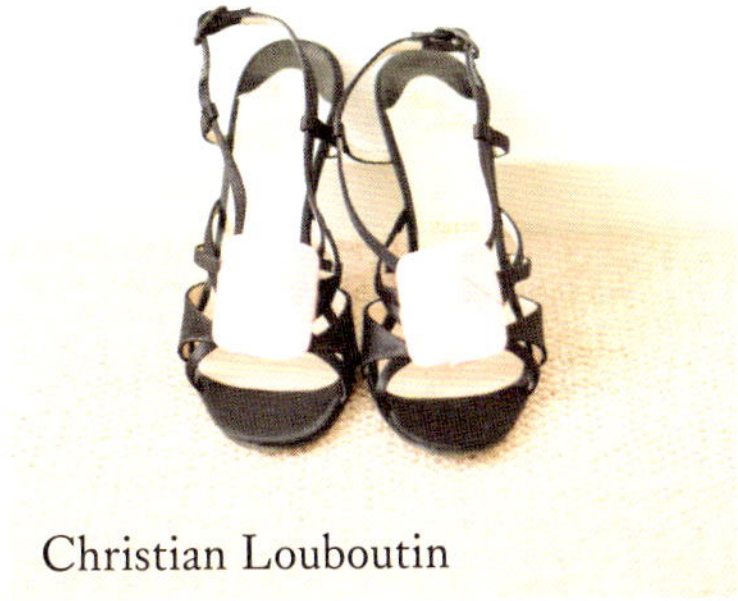

Christian Louboutin

華奢なブラック×パウダーピンクのルブタン。華奢な靴は女度を上げて見せてくれる。

Stoles
巻きもの
薄手で大判が華奢に見せてくれる

愛用はcherのストール。色のキレイさはもちろん、肌触りも心地いいから
気持ちごとやわらかくなれる。

常に持ち歩いているもののひとつが、うっとりする肌触りの大判ストール。カラダをすっぽりくるむくらいのたっぷりした大きさに、肌がキレイに見える色。

寒い季節はもちろん、暑い季節のエアコンからも、一年を通して冷えから守ってくれる頼もしさ。この一枚があるだけで、冷えからくる肌のくすみもカサつきも防げるから、なくてはならないアイテム。

顔のまわりにくるものは肌がキレイに見えるものが絶対。購入するときには自然光、蛍光灯の下でくるくる巻いて、肌の透明感が上がるものを選ぶ。

やわらかく包まれて安心すると、心もまっすぐになるし、表情も温かくなる。冷えた女はお肌も心もカサついてしまう。常にあったかい女でいるための必須アイテム。

Leg-Wear
レッグウェア
脚を通した瞬間から恋に落ちる

脚に品格と色気を出せる完璧なWolfordとPierre Mantoux。

ヘルシーな素脚も好きだけど、一枚ベールをまとった色気のある脚も好き。

脚は女の色気の濃度を自由自在に操ることができるパーツ。自分をもっと楽しむためにも、脚を実力以上にキレイに魅せてくれるアイテムとの出合いは大切。

ついつい後回しにしてしまいがちだけど、脚への意識を少しだけ高めて、脚から自分を着替える楽しみもいい。

選ぶべきは、脚を通した瞬間から、自惚れるほど色っぽく見えるもの。

すぐに破れてしまいそうなほどの繊細な薄さの奥に、キレイな脚が見えたら成功。

色むらやシミを隠して、女らしい筋肉の動きだけ浮き立たせてくれるレッグウェアは、女にだけ許されたお楽しみのひとつ。

Sunglasses and Glasses

サングラスとメガネ

わたしらしさを守ってくれるもの

遊びや毒、自分らしさを足せるもの。知性や色気、聡明さ、洗練感にこなれ感。印象を自由自在に変換できるもの。人と会いたくない日に防御壁になってくれるもの。紫外線から守ってくれるもの。顔を小さく見せ、深みまで足してくれるもの。

サングラスやメガネは、かけるだけで簡単になりたい自分になれる「味方につけておくべき」アイテム。

顔型によって似合うカタチも色も違うので、試着を重ね、妥協せずに選び抜く。試着の際は顔だけではなく全身の映る鏡でバランスを見ることも重要。髪の色や肌の色との相性も見ることを忘れずに。

メガネの場合もUVカットレンズにすることで、印象変換作用だけではなく、キレイを守るアイテムにすることも可能になる。

2.Marc Jacobsは色が絶妙。肌はもちろん髪の色もキレイに見せてくれる。顔が小さく見えるのも♡

4.TOM FORDの黒ぶちが持つ男の空気感が好み。スマートな女に見せてくれる1本。

1.OLIVER PEOPLESのメガネ。ネイビーとべっ甲のコンビが面白くてお気に入り。肌がキレイに見える色。

3.Ray-Banのこなれて見える辛口サングラス。ティアドロップ特有の辛さが大好き。

Bags
バッグのルール
わたしとバッグの深い関係

わたしにとってbagはおしゃれというよりもパートナー的存在。

ビジネスシーンでは書類やPCがしっかり入り、シャンとした雰囲気があるもの。そして程よく今の空気が匂い、仕事をするテンションもちゃんと盛り上げてくれるという欲張りな願いを叶えてくれるもの。

プライベートで選ぶbagは、小さめが基本。小柄なわたしでもバランスよく持つことができるクラッチやショルダー。毒ありデザインや口紅のように効いてくれる色ものなど、女心をときめかせてくれるものを選ぶ。

そして、bagのサイズによってお財布やポーチの大きさも変えるのがマイルール。ぶくっとおデブなbagになってしまわないよう、中に入れるもののサイジングも忘れずに。

スモーキーなグレイのYves Saint-Laurentは仕事用。かくっとしたフォルムに背筋がしゃんとなる。

肩にもかけられるLANVINは二つにおるとクラッチ風にも持てるお気に入り。たくさん入るのも♡

PRADA

HERMES

PRADA

Marc Jacobs

GIVENCHY

Celine

書類がたっぷり入るCelineは色違いで集めています。カタチも大きさも使いやすさも全部好き♡

使いこんだHERMESはママバッグとして。チャームはUn amiの津村さんと赤羽さんからプレゼント♡

Casual Sytle

カジュアルdayのお約束

メンズアイテムから出る女の色気

Rule

1

ヘアはゆる巻きで女っぽく。唇にオレンジや赤を効かせてクリームチークでじゅわんとした血色を。

Rule

2

自転車に乗ることも多いからバックパックを。これは息子とおそろいのCher Shoreのバックパック。

母親をしていると、どうしても必要になる外出が子どものイベント。男の子三人だから、運動会にくわえて野球やサッカーチームの役員の仕事や、試合の手伝いがある。そんな日には、動きやすいカジュアルスタイルがお約束。

普段ならヴィンテージレースのブラウスやデコルテがキレイに見えるオフショルを合わせ、女らしさを楽しむことが多いけれど、動かなくてはならない日には、ほんのりとゆるさを感じるボーイズデニムにシンプルなTシャツやメンズニットを合わせて、スニーカーにバックパックを合わせて自転車で出発。

ヘアやメイクはあえてヘルシーな女っぽさを意識して全身をスタイリング。女っぽさにメンズライクなアイテムが合わさったときに出る、温度のある女の空気が特に好き。

チラリと見える肌にはアンクレットや華奢

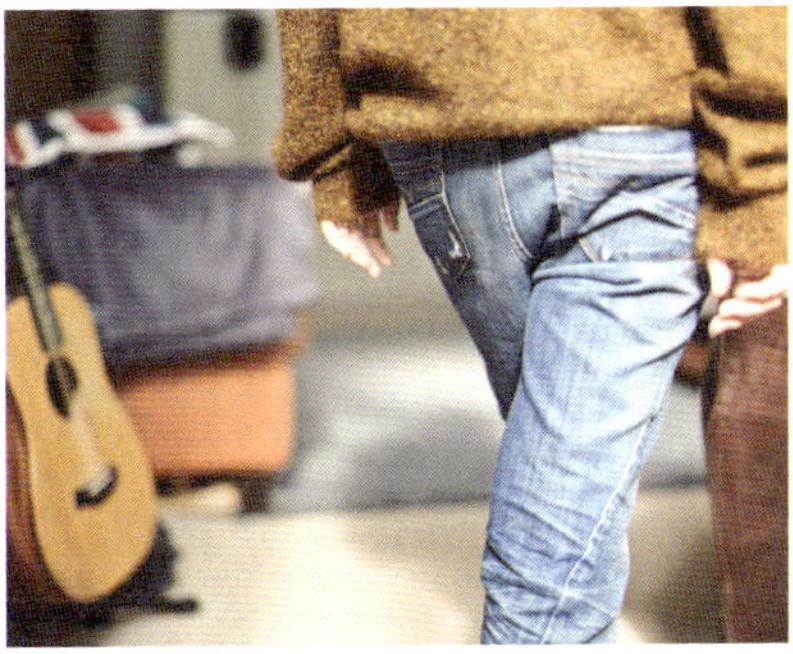

Rule
3

ぴったりな女デニムもいいけど男のコのようなヒップになれるデニムも好き。お尻がキレイに見えるものを。

Rule
4

足がキレイに見えるスニーカーしか履かない。幅、色、高さが数ミリ違うだけでも大きく変わるから厳選。

なネックレスを添えて、「男」になりすぎないよう調整。わたしは顔が甘いから、ふだんでも、全身のメンズアイテムとフェミニンアイテムのミックスはメンズアイテムを10分の4以上は入れるようにしている。

ダメージデニムにファーをあわせたり、ボーイフレンドデニムにヒールをあわせることも。スタッズ付きのクラッチバッグや、シンプルでマスキュリンなショルダーバッグは、フェミニンアイテムでありながら辛めの空気を足してくれる便利アイテム。

ときにはタンクトップに彼のシャツを羽織って完成するのもアリ。そんなときはヘアもダウンしてフェミニンメイクを楽しむ。

ネイルは少し毒のある赤やベージュ、もしくはこなれ感の出るグレイッシュカラーで調節。

Photo Album

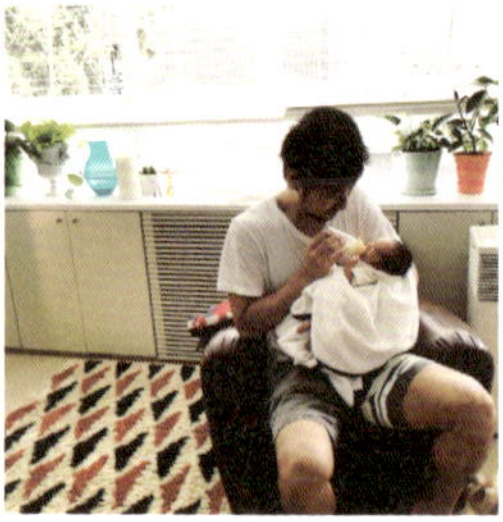

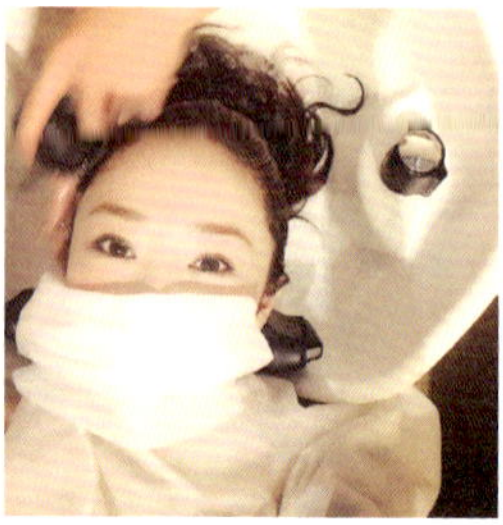

laura mercier
laura mercier

Good

SECRET

4

……

支えてくれるいろんなこと

Living Room
リビング
家族の匂いのする場所

3フロアのうち真ん中の階にあるリビング。広々とした空間と高い天井の開放感、一面の窓から入る光がいちばんの決め手。

雨の日でも気持ちが暗くならないのは大きな窓から差し込む光のおかげ。

包容力のあるソファ。ごろんと寝転んでモコモコのブランケットにくるまって昼寝をするのがたまらなく気持ちいい時間。

冬は暖炉の暖かさを堪能する。

かわいいグリーンは彼が選んできてくれたもの。キャンドルと並べて窓際に。

My Color
わたしの色
幸せに効く色

ターコイズブルー、ホワイト、ライラック。この3色は「わたしがわたしでいられる色」。

なにかに流されてしまいそうなときや迷うとき、その色を目にするだけで自分の中の芯を取り戻すことができる。

ここはどうしても頑張りたいと思うときにその色を身につけると、なぜか自信といい結果を得られる色。その色に包まれるだけで、自分以上の自分になれる色。そんな「わたしの色」の効能を楽しみたい。

たとえば恋の予感のするときや大切な仕事に選ぶのは必ず「白い服」。無垢な白に押されて背中がしゃんとなる。白という色の持つ清楚さと透明感、女らしさを全身にのりうつらせてくれる服は、着るたびに必ず「嬉しいこと」と出会わせてくれる。女を女以上にしてくれる特別な色。

Turquoise

身につけるだけで
嬉しいことが起こる
「成功の色」

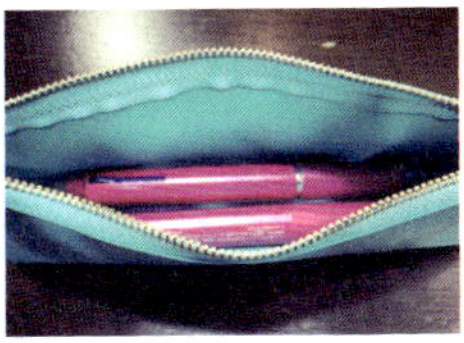

White

恋の色。
恋に出会うたび
白い服が増えていく

Lilac

強さも、儚さも、
毒も持った色。
こんな女でいたい

Kitchen

キッチン

家族をつなぐ食卓をつくりたい

愛をたっぷり詰め込んだごはんを食べてほしい。

なんでもないパン一枚でも、ジュース一杯でも、時間をかけた力作でも、家で口に入れるものは全部。

だからキッチンはわたしにとって大切な人たちへの愛情を伝える、かけがえのない場所。

一日の始まりには気持ちよく背中を押して送りだせるようにしたい。持って帰ってきた疲れや浮かない気持ちもやさしくほぐすことができるようにしたい。いつも温かく、幸せの匂いのする場所でありたい。

キッチンに流れる生活音も好き。グラスやお皿が重なる音や包丁のリズム、コトコト煮る音にじゅーっと広がるいい匂い。

ついつい集めてしまうたくさんのスパイスや調味料を並べて「今日は何をつくろう」と考える時間は至福。

大きな窓のあるキッチン。嬉しい日も泣きたくなる日もどんな日も立ち続けている場所。

1　集めている アスティエ

アスティエの透明感のある白が好き。どんな料理ものせるだけで特別なごちそうに見せてくれる。食べることの大切さや楽しさを感じさせてくれる食器。

2　和食器は一期一会の フィーリング

食器やカトラリーはどれも一期一会。恋に落ちるように出合うものや、見た瞬間に「こんなお料理に合わせたい！」と思わせてくれるものをひとつひとつ大切に迎え入れる。

3　人が集まる家にしたいから たくさんのグラスを

大切な友人を招くことも多いので、グラスはたくさん。ワイン好きの彼や友人たちに合わせ、それぞれのワインにぴったりくるもの、シャンパンの泡がキレイに立つもの、乾杯の音色が美しいものを。

Dinner
一日の報告は食卓で

あつあつハンバーグドリア。

鹿のお肉にベーコンを巻いて。ソースはブルーベリー。

チキンは我が家のメンズたちの大好物。

魚介たっぷりのブイヤベース♡

ハンバーグサラダ。とろとろの卵と一緒に。

揚げ物。いつも山盛り。

何時間も煮込んだビーフシチューの残りは冷凍保存。オムライスにかけることも。

我が家のキッチンの救世主はオーブン。下味をつけて耐熱皿に並べてただ焼くだけ。あとは待っていれば手のこんだごちそうに見える料理ができる。

食卓に4~5品は並べたいわたしにとって、オーブンの力は絶大。あとは必ず赤、緑、黄色の3色以上の色を入れて彩りよく。

辛味噌でご飯がすすみまくる♡

ローストビーフは厚めに切るのが我が家のキマリ。

衣にチーズをたっぷり混ぜたさくさくカツレツ。

ヘルシーなラムも我が家の定番。

ヒレ肉とトマトのサラダ。アボカドが合う♡

たっぷりのワカメとバターで包んだ真鯛の蒸し焼き。

ガーリックライスとフィレステーキの組み合わせは息子たちの好物。

ローストポーク。下味をつけて焼くだけなのに美味しい♡

大好物の「とんぶり」をたっぷりのせて。

Bedroom

ベッドルーム

天窓のある部屋で目覚めたい

数時間おきの授乳でちょっぴりつらいときも、執筆に追われた徹夜明けも、
天窓から見える空やひろがる光でカサついた気持ちもゆるくなる。

季節ごとに変わる日差しの色や雨の音が目覚まし代わりの、「感覚」を研ぎすましてくれる大切な空間。日常のなにげないサインを見逃さないためにも、放っておくとついつい鈍ってしまいがちな「感覚」を澄んだものにしておきたい。

だから、ベッドルームはいつでも最高に心地よく、気持ちいい場所にするよう心がける。肌触りも匂いも灯りも音も空気もすべて。心地よさは心やカラダのやわらかさに作用してくれる重要な要素。

目覚めた瞬間、「今日もいいことがありそう」と思える自分と、どん底の一日でも、「明日はきっと大丈夫」と思うことができる自分を育ててくれる、そんなベッドルームが理想。

ベッドリネンは白。眠っている間にくすみのない気持ちに戻れるよう、触れ心地も恋人のように肌との相性がいいものを厳選。香りは彼がたくさんの香りの中から「わたしのイメージ」と選びぬいてくれたルームフレグランス。本来の自分と理想の自分が絶妙に調和された香り。

心に重なってくれるような季節の音を楽しむときもあれば、そのときにぴったりくる音楽を流して時間の濃度を味わうことも。オレンジ色のやさしい照明とキャンドルの中で、今日あったこと、仕事のこと、子どもたちのこと、お互いへの気持ち、毎晩たくさんのことを話す。

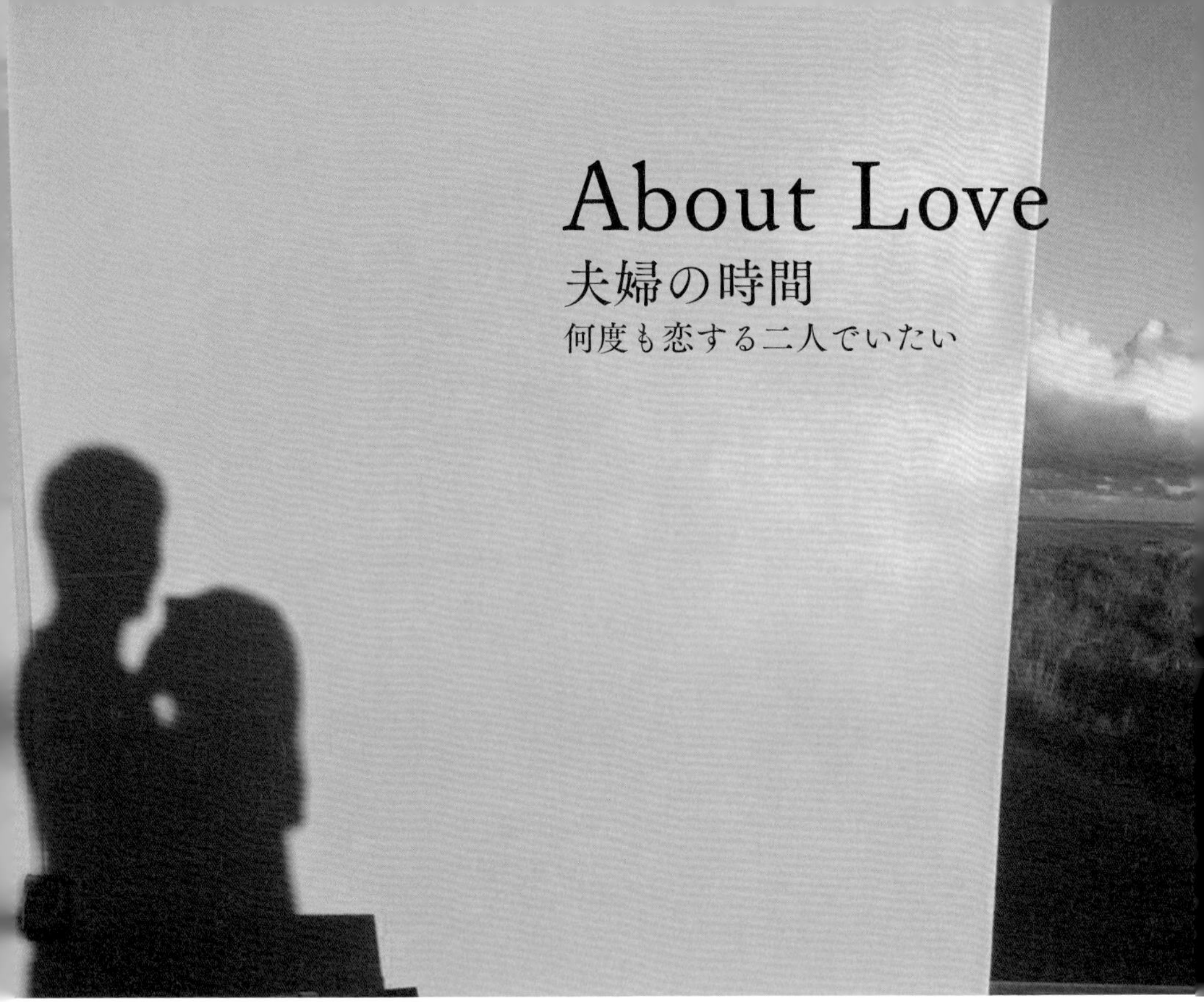

About Love

夫婦の時間

何度も恋する二人でいたい

何百回もケンカして、何百回も恋してる。

今まで違う生き方をしてきた二人がぴったり1ミリもずれることなく重なるのは難しい。けれど、そんな努力をしたいと思える人に出会えたことは、キセキだと思える。

たとえば、「うちの奥さんはすばらしいんだよ」と歯の浮くようなことを平気で言ってのけてくれるところ。

「愛してる」を出会ったころから変わらずに伝えてくれるところ。

誰よりもきびしく叱ってくれるところも。

ときには誰よりも手がかかるところも。

わたしが、頭で考えることなく自然に「母」であり「妻」であり「女」でいることができるのは「彼だから」だと思える。

難しいところも多い二人だけれども、一日一日を大切にしながら、ケンカをして、何度も恋をし合っていきたい。

わたし以外の女性を「世界一キレイ」にし続ける彼。誇らしさ8、ちょっぴり焼きもち2。毎日美女に囲まれている彼には、いつだって女としての背筋をピンとさせられる。

最初で最後と決めた共演は面白くてほんのり気恥ずかしい、いい思い出。

実はおそろいが多い。Church'sの靴はお互いに贈ったもの。

Linen and Fragrance

リネンと香り

肌触りと香りで五感を癒す

無条件に感覚の芯までしみ込んで、肌や声、表情、メンタルにまで作用してくれるリネンと香りのふたつの官能は、生活の中に練り込むようにたくさん持っている。

選ぶときは、直球に「気持ちいいもの」。毎日使うタオルはすっぽりカラダを包む大きさで、繊維を感じないくらいふかふかした肉厚でやわらかいもの。肌荒れの日もタオルで顔をふくと、肌がやわらかくなるのを実感する。枕にそっと巻いて寝れば、肌のざらつきが穏やかになるのも「やわらかさ」の効能。

失敗した日や泣きたい日には、とろふわのブランケットをぐるぐるとカラダに巻きつけて、とげとげした気持ちをなだめてあげる。ベアフットやカシウエアの大判ブランケットは、大人の「おくるみ」。常備しておくと、疲れた自分も起き上がりやすくなるから、頑張っているオトナにこそ必須の一枚。

香りは、心のコンディションや状況に合わせて数本用意して、香りの重ね方もいくつかバリエーションを用意。一本をまとうこともあれば、数本をレイヤードすることも。香りに色気を出したいときは、フレグランスよりもやわらかく香るクリームやミルクを選ぶ。パートナーや一緒にいる人を癒したいときには香水ではなく、アロマの香りで心地よさをさりげなく贈る。至近距離ならヘアフレグランスやほのかに香る柔軟剤という変化球がちょうどいい。もっと軽やかにいきたいときは、ハンドクリームの香りも癒し効果が高くておすすめ。

タオルは、ふわふわのマイクロコットンで統一。

JO MALONEは全部欲しくなるクオリティ。
気持ちのテンションや、どんな自分で過ごしたいかで香りを決める。

ランジェリーにもやわらかい香りを移して。
お気に入りの石けんと眠らせることで清潔で色気のある香りに。

Flower
花で育てる
生花を欠かさない家にしたい

空間や時間の潤いを高めてくれる花を毎日部屋に咲かせていたい。気持ちの温度を上げてくれる花は、そこにあるだけで意味がある。

バタバタと身支度に追われている瞬間、帰宅して玄関を開けた瞬間、ふとみずみずしさがやさしく香り立ってくれる空間は、代謝のいい心を育ててくれる。美しいものを見るほど、美しいものの近くにいるほど、女は美しくなれる。

子どものころから家の中にも庭にもたくさんの花があった。生っぽさが美しさに必要不可欠なものと教わったのも毎日あふれる花から。季節を堪能できる花、こんな女になりたいと思わせてくれる花、時にはわたしを思いながら贈ってもらった心のこもった花。なにげない時間も自分も「特別」にしてくれる「花を飾る」という行為を大切にしていきたい。

logi plants&flowers
いつも素敵なセンスでアレンジしてくれる表参道の小さなお花屋さん。
住所／東京都港区南青山3-14-10　TEL／03-3403-0535
営業時間／平日12：00-20：00・木曜日12：00－19：00・土曜日11：00-20：00・日曜祝日11：00-19：00　定休日／第2第4第5木曜日

Candles

キャンドルマニア

毎日キャンドルナイト

我が家の灯りはすべてやさしい色をしている。神経がざわつく灯りは極力つけない。これは何十年も自分の中で決めていること。灯りは神経に響くもの、だからこそできるだけやさしいものを選ぶ。特にキャンドルの灯りは気持ちや神経をなだめるのに有効。トゲトゲした気持ちも波だった神経も、ゆらりと揺れる灯りに触れるだけでやさしくhugしてもらうように鎮まっていく。

そして「固まったものを溶かす」というのもキャンドルが持つ特別な効能のひとつ。頑張っているがゆえに素直さから遠ざかってしまうオトナの女に効く灯り。

それにキャンドルの独特の影とゆらぎは、目を潤ませ、肌もじゅわんと上気して見せてくれる。我が家は子どもたちが眠った後は毎晩キャンドルナイト。リビングもテラスもバスルームも、やさしくまろやかな灯り。

3
SHIGETA

バスタイムもキャンドルで。キャンドルの灯りは感覚の感度を上げてくれる。

2
diptyque

我が家の匂い。この香りに触れると色々な思いが沸き立つ。

1
Jo Malone

簡単には読み解けない色気のある香りが好き。

Terrace
テラスの時間
心の風通しをするところ

楽しいこと、嬉しいことばかりではない毎日だからこそ、自分で自分を気持ちよく、ご機嫌にしてあげられるよう工夫したい。テラスはそんな思いを込めた場所。

朝はつくりたてのスムージーやカフェラテを片手に朝特有の透き通った空気を味わいながら、彼と今日の予定を交換したり。時間のある日にはブランチやランチをゆったり楽しんだり。

育てているミントをたっぷり入れてつくったモヒートを飲みながら、夕日の色が濃くなっていくのを感じるのもお気に入りの時間。星を眺めながら何時間も話し続ける夜もある。

じりじりの日差しをみんなで浴びながらのBBQも、息子たちとテントを張ってランプの灯りで夜を過ごすテラスキャンプも、じゃぶじゃぶカラダを涼めるプールも。楽しいを倍増させる、とっておきの場所。

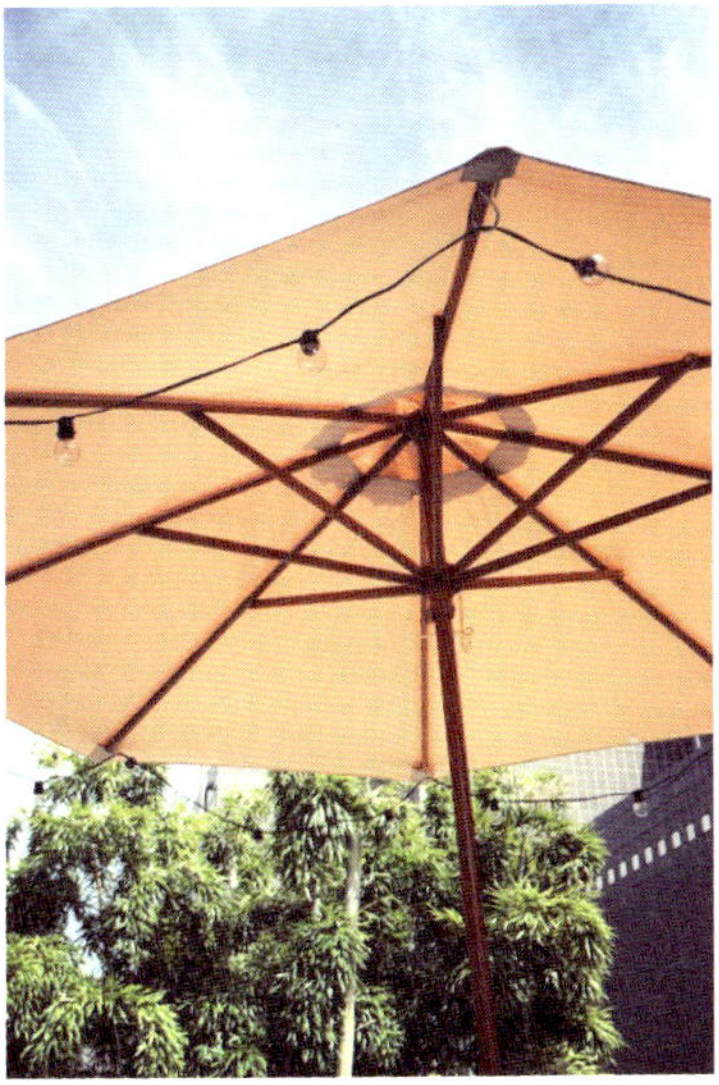

パラソルの下でも日焼け止めは必須。ちゃんと守りながら、日差しを満喫。テラスでしか味わえない解放感とゆるっとしたメロウな時間がたまらなく好き。

きゅんとくるライトの下では、なぜか素直になれる。ゆるく流れる空気と夜の匂いのおかげ。みんなが素直になれる場所。

ときにはひとりで考えたり、反省したり、悩んだり。「わたし」が「わたし」になって気持ちを整理する時間。そして、執筆に煮詰まったときに、にごりや詰まりを換気してくれる、なくてはならない場所。

Plum liquor
＼ Tomato Compote ／

【トマトの梅酒コンポート】　沸騰したお湯でプチトマトを1分ほど茹で、すぐに瓶に入れておいた梅酒に漬けます。そのまま一晩～二晩ほど寝かせておけば完成。見た目も可愛いおつまみ。

＼ Hot wine ／

【ホットワイン】人数分の量の赤ワイン（わたしはコップではかる！）、オレンジ、リンゴ、ハチミツ、シナモンスティックなどを鍋に入れ、弱火でコトコト。沸騰する前にグラスやカップに注いでできあがり。わたしはアルコールが残っているほうが好き♡

Driving
リフレッシュドライブ
車の中はもう一つの部屋

運転しない日はないほど、車はわたしの一部。仕事へも必ず自走だし、子どもたちをつれて何時間も走るような旅行に行くことも多い。

車は自力でどこにでも行くことができるという自信と自由をくれるもの。母親になってからはON・OFFを切り替えるための場所でもあり、ひとりの時間を堪能できる部屋のような場所にもなった。

悩んだとき、失敗したときには、高速を走りながら思いっきり泣くこともあるし、煮詰まったときには窓を全開にして思いっきり深呼吸することもある。

頭の中がごちゃごちゃになっているときの運転は、頭の回路をシンプルに整備してくれる作用があるし、書籍に書き残したい言葉がぽんぽんと浮かんでくる。たぶん運転は、固まりがちな頭のトレーニング。多方向を瞬時に読み取って先を読んで行動するという行為が、滞りがちな頭の回転を促してくれると同時に、回転の速さを鍛えてくれているような気がする。

これが今のわたしにはとても大切。自由な場所であり仕事部屋でもある、わたしの素を全部知っている特別な空間。

車内に常備しているのは、日焼け止めコスメにUVカットグローブ、サングラス、メガネ、ガムにリップクリーム、ハンドクリーム、その日のネイル、ネイルオイルにストールとStarbucks coffeeのカード、それとお気に入りの音楽。

愛車はメルセデスの四駆。
車は大きめでごつめが好み。
彼や息子たちが乗っても余
白のある空間であるように。

ジルスチュアートのネイル
にSHIGETAとキュレルのリ
ップクリーム。窓にはUVカ
ットフィルムを貼って。

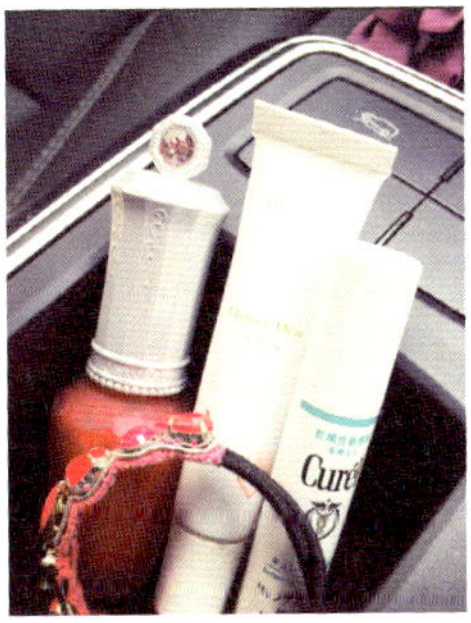

Regret
やっておけばよかったこと
肌は「なるはやケア」がものをいう

ときには１日素顔で過ごして素肌を観察する時間も必要。

実はわたしはスキンケアに関してはかなりの遅咲き。美容意識の高い母に、小学生のころから日焼け止めや美容液、洗顔の大切さを言われ続けてきたけど、まったく興味がなかった。むしろ、肌の上でベタつく化粧品への苦手意識のほうが強かったのを覚えている。リップやパウダーなどの、のせると瞬時にキレイになれるものは大好きだったけど、スキンケアは20代に入るまでまったくやってこなかった。

肌をキレイにしたいと思い始めたのは23歳で長男を出産したころ。肌の疲れやくすみを実感し始めたのと当時に、母親になってメイクを薄くしたとき、土台である素肌の重要さに気がついたのがきっかけとなった。

妊娠中に浮き出てきたシミを数えては母の教えを思い出して後悔。それ以降スキンケアに力を入れるようになったものの、やはり早

スキンケアは、今日始めることで確実に明日からキレイが始まってくれる。

くに着手していた人にはなかなか追いつかないのが現状。肌はできるだけ早くから磨さすべき。40代に突入する今、「もっと早くからやっていれば」と痛感、確信している。

いちばん大きいのが紫外線対策。生まれた日から始まる「紫外線貯金」。ある日突然シミやシワ、たるみとなって出現するダメージは、絶対に貯めないほうがいい。日焼け止めは一年中。美白コスメも一年中取り入れたい。

続いて同じくらい大切なのが保湿ケア。美容液で肌の保湿成分を高め、油分もしっかり取り入れるのが、キレイな肌の基本。

最後に正しい洗顔、クレンジングの方法。肌を傷めやすいプロセスだからこそ、いかにやさしくしっかり行うか。肌は女として生きていくうえで、とても大きな力になってくれるから。もし娘がいたら、わたしが母に教えてもらった以上に肌の大切さを教えたい。

Investment
女の投資力
未来のために時間をかけるもの

大切なものを育てるなら「投資力」が大切。わたしは、何に投資するかで人生が変わると思っている。

たとえば自分の「これから」を重要だと感じるときには、「自分の時間」に投資する。旅や美術館、ライブに読書、習い事の場合もあれば、ただのんびりとするひとりの時間をつくることもある。ときには自分だけの時間を選ぶ勇気も「投資」のひとつ。

パートナーとのこれからを大切に思うときには、「ふたりの時間」に投資する。一度失敗したからこそわかる、ふたりで話す時間、触れる時間、楽しむ時間の重要さ。時間をつくるためにはいろんな調整が必要だけど、そこまでする価値は十分すぎるほどあると思う。

ふたりがふたりに戻れる時間。その時間が「今」「5年後」「10年後」「ずっと」の幸せを深めてくれるから。

Priority
優先順位が余裕をつくる
いつも笑顔でいるために

しなければならないこと、したいことが山ほどある中で、イライラせず、余裕をつくるためにわたしが意識しているのが優先順位をぽんと組み立てられる瞬発力。

わたしが今一番大切にしているのは家族との時間。友人との時間やひとりの時間、大切にしたいものはたくさんあるけれど、それはちょっと後回し。

慌ただしい中でも彼との時間、息子たちとの時間をつくる。それがなにより優先したいこと。

大切なもののために何かを諦めたり後回しにする勇気を持っていたい。あれもこれもでは幸せを逃してしまうことがあるから。

本当に大切なものを守りながら毎日を組み立てる。これが家族やわたしを幸せにする法則。

Baby

愛おしい時間

11年ぶりの赤ちゃんの匂い

可愛いおむつケーキ。11年ぶりの赤ちゃんはオムツ替えも沐浴も3時間ごとの授乳も全部が新鮮で楽しい。

ゆらゆらキラキラやさしく揺れる雲と星のモビールはlitroisのもの。

魔法瓶タイプの哺乳瓶とgarbo&friends の哺乳瓶はお出かけ用。

星のクッキーのような「tanabata」はビンゴにしたり積み木にしたり。色が楽しいガチャガチャビンゴは飾っておくだけでも可愛い♡

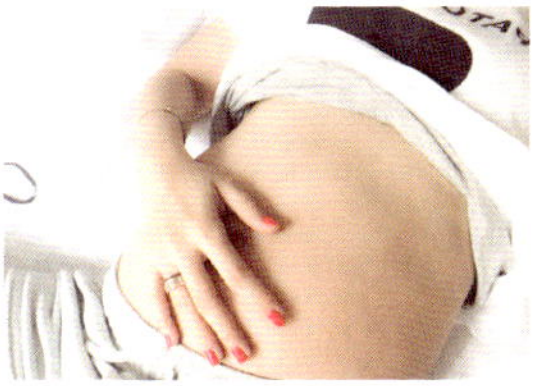

出産直前のお腹。

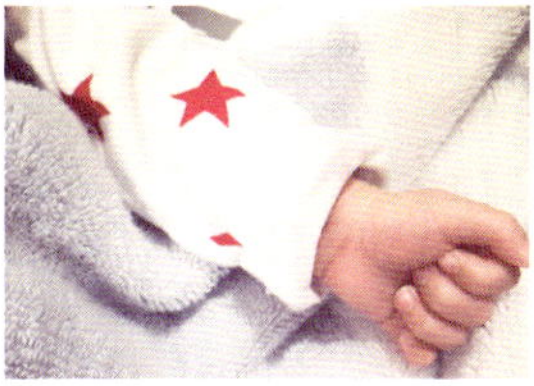

ずっと会いたくてたまらなかった小さな息子。彼が家に来てから、いちだんと家の中が温かく、にぎやかになった。いつもは部屋にこもりがちなお兄ちゃんたちがリビングに降りてくる時間が増えたのも、辛めシンプル主義の夫が次々に甘いベビーグッズを買ってくるのも、面白くて愛らしい。

出産は一カ月以上早い突然の破水から始まった。そのまま救急車で搬送されて入院。まだ33週だった赤ちゃんをなんとかもう少しお腹の中で育てようと先生方が手を尽くしてくれた。自分への後悔とこれからへの不安に押しつぶされそうだったわたしを助けてくれたのはやっぱり家族。1時間に何回もくれるビデオ通話や、どんなに忙しくても会いにきて「大丈夫」と言ってくれること。

当たり前のことなんてひとつもなく、どんな一瞬も無駄にしちゃいけないと改めて感じた時間だった。34週に入ったと同時に海外ロケ中だった彼と電話をしながらの自然分娩だったけど、産声を聞いたあの瞬間は、わたしも彼も一生忘れないと思う。

子育ては自由がなくなるというけれど、わたしはその不自由さが幸せ。大切な人と一緒にいたいから、大切な人に色々なものを見せたいから、食べてほしいから、感じてほしいから、その瞬間の顔が見たいから。だから不自由な時間も、響き渡る元気な泣き声も、寝不足も、すべてが幸せのカタチ。

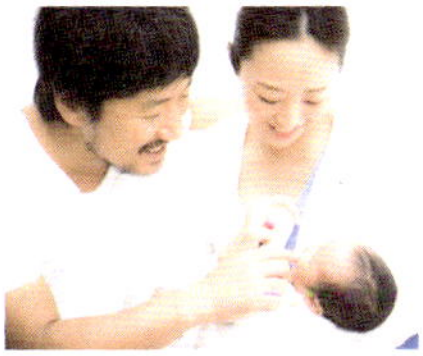

New Life
新しい生活
家族になる時間

新しい家族になってから、彼と息子たち三人の姿を眺めている時間は、かけがえのないものになった。

お互いが持ち合う新しい世界。

それをわかり合おう、深め合おうとしているこの時間を、わたしは生涯忘れることはないと思う。

彼が息子たちのためにとお店に連れて行って一緒に選ぶ、楽器やインテリアや服。そのどれもが、親として、男としての彼から息子たちへの声のないメッセージ。

これからの時間、大きくなっていく息子たちとはいつも一緒にいられるわけではないからこそ、たくさんのメッセージを今伝えておきたいと思う彼の気持ちが嬉しい。

これから、もっともっと「家族」になっていくんだろうと思う。

息子たちの世界が広がっていくのを今までとは違う角度から見ることができるのが楽しい。

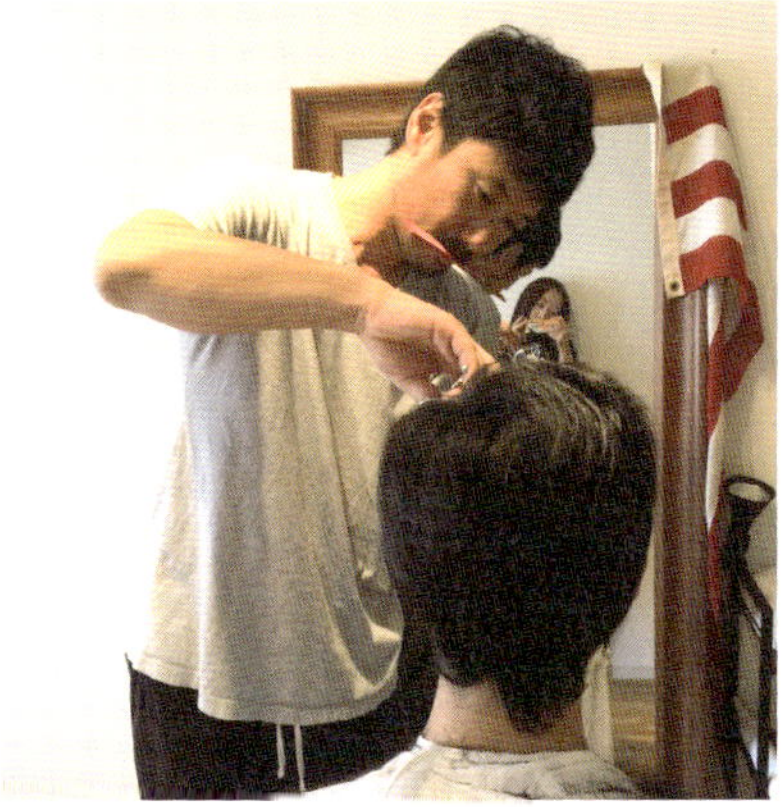

息子たちの髪はパパがカット。この風景もお気に入りのひとつ。

並んだ大きさの違う背中を少し後ろから眺めるのが好き。なんでもない瞬間が幸せ。

Epilogue
おわりに

一年ぶりの本となりました。手にとってくださり、ありがとうございました。

書きたいこと、伝えたいことは毎日わたしの中にたくさん溢れているのに、どうしても書くことができずにいたこの一年間。

三九年かけてできあがりつつあった自分が何かに覆われていくような、別のものに動きを止められていくような感覚でした。

仕事、恋、結婚、出産。本当に色々なことがあったこの一年は、今思えば誰もが経験する「変化」のときだったのかもしれません。

変わらずにいたい自分と、変わっていく自分のバランス。

その難しさと対面していた時間は、とてもとても長く感じました。

でも、一度止まってしまったこの本の制作が再起動したときの、編集さんのひとこと。

「神崎さんが帰ってきた！　おかえりなさい！」

一生忘れない嬉しい言葉。

また変化のときに直面しても、帰ってこられるという自信をもらいました。

生きていると予想もしないことが突然起こります。

このまま何も起こらずに終わってしまうんじゃないかと不安になるときも、もう恋をすることなんてないんじゃないかと思うときも、自分をつまらないと思ってしまうときもある。

でもやっぱりそのままでは終わらない。

たったの三六五日だけど、一年前は知らなかった新しい世界と新しい命に触れて、強く感じていることです。

変わらない自分をしっかり持ちながらも、変わることを楽しんでいきたい。

この本では、一年前とは違うわたしと、そして何年も変わらず、これからも変わることのないわたしの思いを書いた本になりました。

新しい。でも、いつもの味。

自分らしさは大切にしながらも、いいバランスでもっともっと進化していきたいと思います。

最後に、金谷さん、津村さん、奥山さん、細山田さん、新しい世界をありがとうございます。白井さん、何度ありがとうと言っても足りないくらい感謝しています。谷口さん、阪口さん、川岸さん、中沢さん、この本にかかわってくれたすべての方に、心から感謝します。そして愛おしい家族に愛を込めて。

神崎恵

Shop list

エンビロン・コールセンター
（プロティア・ジャパン）
0120-085-048

カバーマーク
0120-117-133

キールズ
03-6911-8562

キッカ（カネボウ化粧品）
0120-518-520

クラランス
03-3470-8545

クリニーク（お客様相談室）
03-5251-3541

ケラスターゼ
03-6911-8333

コスメデコルテ
0120-763-325

サンタ・マリア・ノヴェッラ銀座
03-3572-2694

シゲタ
0120-945-995

シスレージャパン
03-5771-6217

RMK Division
0120-988-271

SK-II
0120-021-325

Velnica.（Velnica Room）
03-6323-9908

アディクション
0120-586-683

アナ スイ コスメティックス
0120-735-559

アルビオン
0120-114-225

イプサ（お客さま窓口）
0120-523543

ヴェレダ・ジャパン（お客様窓口）
0120-070-601

エスティ ローダー
03-5251-3386

エム・アール・アイ
03-6419-7368

エムティージー
0120-467-222

フランシラ&フランツ
03-3444-8743

ヘレナ ルビンスタイン
03-6911-8287

ポーラお客さま相談室
0120-117-111

ボビイ ブラウン
03-5251-3485

モロッカンオイル ジャパン
0120-440-237

ヨンカ
03-6433-5571

ランコム
03-6911-8151

ルナソル（カネボウ化粧品）
0120-518-520

ローラ メルシエ
0120-343-432

資生堂
0120-30-4710

資生堂薬品 お客さま窓口
03-3573-6673

シャネル
（カスタマー・ケア・センター）
0120-525-519

スック
0120-988-761

スリー
0120-898-003

トリロジー
03-5484-3483

パルファム ジバンシイ
〔LVMHフレグランスブランズ〕
03-3264-3941

パルファン・クリスチャン・ディオール
03-3239-0618

パナソニック（お客様ご相談センター）
0120-878-365

フィリップスお客様情報センター
0570-07-6666

※掲載商品は2015年1月のものです。

神崎恵

1975年生まれ。mnuit主宰。

ビューティライフスタイリストであり、15歳と11歳と0歳の息子を持つ母。

アイブロウ／アイラッシュデザインのディプロマ取得。ブライダルプロデューサーとしての知識も活用し、何気ない日常から特別な瞬間まであらゆる場面での女性の美しさを叶える応援をしている。

ひとりひとりに合わせたメイクやライフスタイルを提案するアトリエ「mnuit」を主宰しながら、「MAQUIA」「美的」「VOCE」など美容誌を中心に活躍し、書籍の執筆を手がけるとともに、女の子のかわいさを盛り上げるアイテムのプロデュースも行っている。

主な著書に『思わず二度見される美人になれる』（KADOKAWA）、『いるだけでどうしようもなく心を奪う女になる』（小社）などがある。

神崎恵オフィシャルブログ
URL: http://ameblo.jp/kanzakimegumi/

Staff

写真
金谷章平

ヘアメイク
津村佳奈（Un ami）

マネジメント
川岸一超（株式会社ケイダッシュ）
中沢ゆい（株式会社パールダッシュ）

エグゼクティブプロデューサー
谷口元一（株式会社ケイダッシュ）

神崎恵《かんざきめぐみ》の
Private Beauty Book

2015年　8月20日　第１刷発行

著　者　神崎《かんざき》 恵《めぐみ》
発行者　佐藤　靖
発行所　大和《だいわ》書房
東京都文京区関口1-33-4
電話　03-3203-4511

ブックデザイン　細山田デザイン事務所
本文印刷所　歩プロセス
カバー印刷所　歩プロセス
製本所　ナショナル製本

ISBN978-4-479-78313-8

http://www.daiwashobo.co.jp